GRECKI: PRZEPISY NA CO DZIEŃ Z GRECKIMI KORZENIAMI

Delektowanie się esencją kuchni greckiej w 100 przepisach

Natasza Wilk

Prawa autorskie ©2024

Wszelkie prawa zastrzeżone

Żadna część tej książki nie może być wykorzystywana ani rozpowszechniana w jakiejkolwiek formie i w jakikolwiek sposób bez odpowiedniej pisemnej zgody wydawcy i właściciela praw autorskich, z wyjątkiem krótkich cytatów użytych w recenzji. Niniejsza książka nie powinna być traktowana jako substytut porady lekarskiej, prawnej lub innej porady zawodowej.

SPIS TREŚCI

SPIS TREŚCI 3
WSTĘP 7
GRECKIE ŚNIADANIE 8

   1. Zapiekanka z omletu greckiego 9
   2. Grecki placek serowy z orzechami i miodem 11
   3. Śródziemnomorska miska śniadaniowa 13
   4. Greckie tosty z awokado 15
   5. Tost pełnoziarnisty z awokado i jajkami 17
   6. Jajecznica Grecka 19
   7. Greckie Jajka Sadzone z Ziemniakami i Fetą 21
   8. Greckie krążki z chleba sezamowego 23
   9. Śniadanie Greckie Ladenia 25
   10. Greckie śniadanie Pudding ryżowy (Rizogalo) ...27
   11. Greckie babeczki jajeczne na śniadanie 29
   12. Greckie śniadanie Patelnia Jajeczna z Warzywami i Fetą ...31
   13. Śniadanie greckie Pitas 33
   14. Parfait z jogurtu greckiego 35
   15. Omlet śródziemnomorski 37
   16. Wrap śniadaniowy ze szpinakiem i fetą 39

GRECKIE PRZEKĄSKI 41

   17. Grecki dip tzatziki 42
   18. Grecki ser smażony 44
   19. Frytki Greckie 46
   20. Grecki dip feta 48
   21. Śródziemnomorska Sałatka Owocowa 50
   22. Kalmary z rozmarynem i oliwą chili 52
   23. Grecki dip z bakłażana 54
   24. Sajgonki greckie Spanakopita 56
   25. Greckie Tortilla Wiatraczki 58
   26. Greckie nadziewane ogórki 60
   27. Chrupiące, przyprawione ziemniaki 62
   28. Krakers z sałatką grecką 64

29. Gryzie grecki chleb pita 66
30. Greckie kulki z cukinii (Kolokithokeftedes) 68
31. Ukąszenia energetyczne baklawy 70
32. Krewetki _ gamba 72
33. Mieszanka szlaków inspirowana stylem śródziemnomorskim 74
34. Daktyle i pistacje 76
35. Bakłażany z miodem 78

GRECKI OBIAD 80

36. Klasyczne greckie ziemniaki cytrynowe 81
37. Sałatka grecka 83
38. Grecki Gyros z Kurczakiem 86
39. Greckie klopsiki 88
40. Grecka Faszerowana Papryka 90
41. Grecka zupa fasolowa 92
42. Grecka pieczona fasolka szparagowa 94
43. Grecka zupa z soczewicy 96
44. Zupa grecka z ciecierzycy 98
45. Grecki Souvlaki 100
46. Grecka lasagne z wołowiną i bakłażanem (Moussaka) 102
47. Sałatka Śródziemnomorska z Ciecierzycy 104
48. Kurczak cytrynowo-ziołowy z komosą ryżową i brzoskwinią 106
49. Okład z sałatki greckiej 108
50. Śródziemnomorska Sałatka Quinoa 110
51. Sałatka śródziemnomorska z tuńczykiem i białą fasolą 112
52. Kalmary i ryż 114

GRECKA KOLACJA 116

53. Greckie nadziewane liście winogron 117
54. Greckie Pieczone Orzo 119
55. Grecki Spanakopita 121
56. Greckie placki serowe (Tiropita) 124
57. Grecka wolno gotowana jagnięcina Gyros 126
58. Greckie Cukinie Nadziewane Jagnięciną 128
59. Grecka jagnięcina Kleftiko 130
60. Przyprawione Kotlety Jagnięce z Wędzonym Bakłażanem 132
61. Grecki Aborygen i Pasticcio Jagnięce 134

62. Sałatka grecka zielona z marynowaną fetą 136
63. Grecka jagnięcina Pitas 138
64. Łosoś Pieczony Śródziemnomorski 140
65. Śródziemnomorska papryka nadziewana komosą ryżową 143
66. Gulasz śródziemnomorski z soczewicą i warzywami 145
67. Szaszłyki z grillowanych warzyw i sera Halloumi 147
68. Śródziemnomorska krewetka i szpinak Saute 149

GRECKI WEGETARIANIN 151

69. Grecki jackfruit Gyros 152
70. Grecka wegańska Skordalia 154
71. Sałatka grecka z makaronem Orzo i wegańską fetą 156
72. Grecka ciecierzyca Gyros 158
73. Grecka musaka wegetariańska 160
74. Grecka pieczona cukinia i ziemniaki 162
75. Grecki ryż wegetariański 164
76. Greckie Gigantes Plaki 166
77. Greckie placki pomidorowe 168
78. Greckie placki z ciecierzycy 170
79. Grecki gulasz z białej fasoli 172
80. Grecki wegetarianin Bamies 174
81. Greckie miski warzywne z grilla 176
82. Kulki Warzywne Z Sosem Cytrynowym Tahini 178
83. Greckie pieczone warzywa 180
84. Grecki a ube igine i gulasz pomidorowy 182
85. Grecka tarta z awokado 184
86. Grecki ryż szpinakowy 186
87. Grecka zupa Avgolemono 188
88. Greckie Pitas Warzywne 190

DESER GRECKI 192

89. Greckie ciasteczka maślane 193
90. Greckie ciasteczka miodowe s 195
91. Greckie ciasto orzechowe 197
92. Grecka baklava 199
93. Fajny krem ananasowy 201
94. Greckie ciasto pomarańczowe 203

95. Greckie pączki (Loukoumades) 205
96. Grecki budyń z kremem mlecznym 207
97. Greckie ciastka z syropem migdałowym 209
98. Greckie kruche ciasto migdałowe 211
99. Grecki kwiat pomarańczy Baklav a 213
100. Baklava z greckim miodem i wodą różaną 215

WNIOSEK **217**

WSTĘP

Wejdź do skąpanego w słońcu świata śródziemnomorskich smaków i poznaj esencję kuchni greckiej dzięki „Greckiemu: Przepisom na każdy dzień z greckimi korzeniami". W tej kulinarnej podróży zapraszamy Cię do rozkoszowania się bogatą mieszanką smaków, które definiują grecką kuchnię – wykwintnym połączeniem tradycji, świeżości i tętniącego życiem ducha Morza Egejskiego. Ta książka kucharska, zawierająca 100 starannie dobranych przepisów, celebruje sztukę gotowania w domu, pozwalając Ci wnieść do własnej kuchni ciepło greckiej kuchni.

Wyobraź sobie lazurowe wody Morza Egejskiego, bielone budynki przylegające do zboczy wzgórz i aromat oliwy z oliwek i ziół unoszący się w powietrzu. „Grecki" to nie tylko zbiór przepisów; to paszport do serca Grecji, gdzie każde danie opowiada historię dziedzictwa, wpływów regionalnych i radości wspólnego posiłku.

Niezależnie od tego, czy jesteś doświadczonym szefem kuchni, który pragnie odtworzyć autentyczne greckie smaki, czy też domowym kucharzem, który pragnie nadać swoim posiłkom śródziemnomorski charakter, te przepisy zostały zaprojektowane tak, aby były przystępne, smaczne i celebrowały codzienną grecką kuchnię. Od klasycznej musaki po tętniące życiem sałatki greckie – wyrusz w kulinarną odyseję, która przeniesie ducha greckiego stołu na Twoje.

Dołącz do nas podczas odkrywania prostych, ale głębokich przyjemności kuchni greckiej, gdzie każdy przepis przypomina, że dobre jedzenie ma moc przeniesienia Cię do skąpanych w słońcu brzegów, spotkań rodzinnych i serca greckiej gościnności. Zbierz więc składniki, ogarnij się śródziemnomorskim duchem i delektuj się esencją kuchni greckiej poprzez „grecką". Opa!

GRECKIE ŚNIADANIE

1. Zapiekanka z omletem greckim

SKŁADNIKI:
- Dwanaście dużych jaj
- Dwanaście uncji sałatki z karczochów
- Osiem uncji świeżo ściętego szpinaku
- Jedna łyżka świeżego koperku
- Cztery łyżeczki oliwy z oliwek
- Jedna łyżeczka suszonego oregano
- Dwa ząbki posiekanego czosnku
- Dwie szklanki pełnego mleka
- Pięć uncji suszonych pomidorów
- Jedna szklanka pokruszonego sera feta
- Jedna łyżeczka pieprzu cytrynowego
- Jedna łyżeczka soli
- Jedna łyżeczka pieprzu

INSTRUKCJE:
a) Weź dużą miskę.
b) Dodaj jajka do miski.
c) Ubijaj jajka przez około pięć minut.
d) Weź kolejną miskę i dodaj do niej pieprz, pieprz cytrynowy, świeży koperek, suszone oregano i sól.
e) Dobrze wymieszaj wszystkie składniki.
f) Do miski z jajami dodaj oliwę z oliwek i szpinak.
g) Dokładnie wymieszaj składniki, dodaj posiekany czosnek i resztę składników.
h) Wymieszaj ze sobą wszystkie składniki obu misek.
i) Dodaj mieszaninę do natłuszczonego naczynia do pieczenia.
j) Piecz zapiekankę przez dwadzieścia pięć do trzydziestu minut.
k) Po zakończeniu rozłóż zapiekankę.
l) Danie jest gotowe do podania.

2.Greckie ciasto serowe z orzechami i miodem

SKŁADNIKI:
- Osiem uncji sera feta
- Jedno opakowanie arkuszy filo
- Jedna łyżeczka suszonej mięty
- Pół szklanki posiekanych orzechów (wedle uznania)
- Jedna szklanka miodu tymiankowego
- Jedna filiżanka przecedzonego jogurtu greckiego
- Siedem uncji masła

INSTRUKCJE:
a) Weź dużą miskę.
b) Dodaj do niego masło i dobrze ubij.
c) Do miski maślanej dodaj jogurt grecki i ser feta.
d) Dobrze wymieszaj składniki.
e) Do miski dodaj suszoną miętę i dobrze wymieszaj.
f) Rozłóż arkusze filo na natłuszczonej blasze do pieczenia.
g) Dodaj mieszaninę serów do arkuszy filo i przykryj większą liczbą arkuszy filo.
h) Piecz ciasto przez około czterdzieści minut.
i) Rozłóż ciasto.
j) Wierzch ciasta posypujemy tymiankiem miodowym.
k) Udekoruj danie posiekanymi orzechami
l) Danie jest gotowe do podania.

3.Śródziemnomorska miska śniadaniowa

SKŁADNIKI:
- 4 jajka na miękko, ugotowane według własnych upodobań
- 8 uncji białych pieczarek, przekrojonych na pół
- Oliwa z oliwek z pierwszego tłoczenia
- Sól koszerna
- 2 szklanki pomidorków koktajlowych
- 2 szklanki szpinaku baby, zapakowane
- 1 do 2 ząbków czosnku, posiekanych
- 1 ½ szklanki hummusu
- Przyprawa Za'atar
- Oliwki (opcjonalnie, do dekoracji)

INSTRUKCJE:
PODsmaż GRZYBY:
a) Na patelni na średnim ogniu rozgrzej odrobinę oliwy z oliwek z pierwszego tłoczenia.
b) Dodaj przekrojone na połówki grzyby i smaż, aż będą złociste i miękkie, doprawiając szczyptą soli koszernej. Zdejmij z ognia i odłóż na bok.

POMIDORKI BLISTROWE:
c) Na tej samej patelni dodaj trochę więcej oliwy z oliwek i podgrzej na średnim ogniu.
d) Dodaj pomidorki koktajlowe i smaż, aż zaczną pękać i zmiękną. Zdejmij z ognia i odłóż na bok.

PRZYGOTUJ SZpinak:
e) W razie potrzeby na tej samej patelni dodaj odrobinę oliwy z oliwek i podsmaż krótko posiekany czosnek, aż zacznie pachnieć.
f) Dodaj zapakowany szpinak baby i gotuj, aż zwiędnie.
g) Doprawić szczyptą soli.

ZMONTOWAĆ MISKĘ:
h) Zacznij od rozsmarowania na dnie miski dużej warstwy hummusu.
i) Na hummusie ułóż jajka na miękko, smażone grzyby, pomidorki koktajlowe w pęcherzykach i smażony szpinak.
j) Posyp składniki zatarem.
k) W razie potrzeby dodaj oliwki dla dodatkowego smaku i dekoracji.

4. Greckie tosty z awokado

SKŁADNIKI:
- Pół szklanki soku z cytryny
- Cztery kromki chleba
- Pół szklanki pomidorków koktajlowych
- Pół szklanki oliwy z oliwek z pierwszego tłoczenia
- Pół szklanki pokruszonego sera
- Zmiażdżone czerwone chilli
- Pół szklanki posiekanego ogórka
- Ćwierć szklanki koperku
- Pół szklanki oliwek Kalamata
- Dwie szklanki posiekanego awokado
- Szczypta soli
- Szczypta czarnego pieprzu

INSTRUKCJE:
a) Weź dużą miskę.
b) Dodaj wszystkie składniki oprócz kromek chleba.
c) Wymieszaj wszystkie składniki.
d) Podsmaż kromki chleba
e) Rozłóż mieszaninę na wierzchu kromek chleba.

5. Tost pełnoziarnisty z awokado i jajkami

SKŁADNIKI:
- 2 kromki chleba pełnoziarnistego
- 1 dojrzałe awokado
- 2 jajka sadzone lub sadzone
- Sól i pieprz do smaku
- Dodatki do wyboru: pomidorki koktajlowe, płatki czerwonej papryki lub świeże zioła

INSTRUKCJE:
a) Podsmaż kromki chleba pełnoziarnistego, aż będą chrupiące.
b) Rozgnieć dojrzałe awokado i posmaruj tostowym chlebem.
c) Na każdym kawałku połóż jajko w koszulce lub sadzone.
d) Dopraw solą, pieprzem i dowolnymi dodatkami według uznania.
e) Ciesz się tostami z awokado i jajkiem!

6.Jajecznica Grecka

SKŁADNIKI:
- Dwie łyżki oliwy z oliwek
- Dwa duże jajka
- Jeden dojrzały pomidor wiśniowy
- Szczypta soli
- Szczypta czarnego pieprzu

INSTRUKCJE:
a) Weź dużą patelnię.
b) Dodaj oliwę z oliwek na patelnię.
c) Dodaj pomidory i sól na patelnię.
d) Dobrze ugotuj pomidory, a następnie dodaj czarny pieprz na patelnię.
e) Rozbij jajka na patelnię.
f) Dobrze wymieszaj składniki.
g) Podawaj, gdy jajka będą gotowe

7. Greckie Jajka Sadzone Z Ziemniakami i Fetą

SKŁADNIKI:
- Dwie łyżki oliwy z oliwek
- Dwa duże jajka
- Jeden posiekany ziemniak
- Sześćdziesiąt gramów sera feta
- Szczypta soli
- Szczypta czarnego pieprzu

INSTRUKCJE:
a) Weź dużą patelnię.
b) Dodaj oliwę z oliwek na patelnię.
c) Dodaj ziemniaki i sól na patelnię.
d) Dobrze ugotuj ziemniaki, a następnie dodaj czarny pieprz na patelnię.
e) Rozbij jajka na patelnię.
f) Na wierzch dodajemy pokruszony ser feta.
g) Dobrze usmaż składniki po obu stronach.
h) Podawaj, gdy jajka będą gotowe

8.Greckie krążki z chleba sezamowego

SKŁADNIKI:
- Dwie szklanki mąki
- Trzy łyżki oliwy z oliwek
- Dwie łyżeczki soli
- Pół łyżeczki drożdży
- Jedna łyżeczka cukru
- Jedna szklanka nasion sezamu
- Jedna szklanka letniej wody

INSTRUKCJE:
a) Weź dużą miskę.
b) Do miski dodaj cukier, drożdże i letnią wodę.
c) Dobrze wymieszaj i odstaw, aż utworzą się bąbelki.
d) Do mieszanki dodać mąkę i sól.
e) Dobrze zagnieć ciasto i zacznij formować pierścienie z mieszanki ciasta.
f) Dodaj nasiona sezamu na wierzch pierścieni i umieść je na blasze do pieczenia.
g) Piecz naczynie przez około trzydzieści minut.

9. Greckie śniadanie Ladenia

SKŁADNIKI:
- Dwie szklanki mąki
- Trzy łyżki oliwy z oliwek
- Dwie łyżeczki soli
- Pół łyżeczki drożdży
- Jedna łyżeczka cukru
- Jedna szklanka pomidorków koktajlowych
- Dwie łyżeczki suszonego oregano
- Jedna szklanka pokrojonej w plasterki cebuli
- Jedna szklanka letniej wody

INSTRUKCJE:
a) Weź dużą miskę.
b) Do miski dodaj cukier, drożdże i letnią wodę.
c) Dobrze wymieszaj i odstaw, aż utworzą się bąbelki.
d) Do mieszanki dodać mąkę i sól.
e) Ciasto dobrze zagnieść i z powstałej mieszanki zacząć formować okrągły placek.
f) Dodaj pokrojoną cebulę i pomidorki koktajlowe na wierzch chleba i umieść ciasto chlebowe na blasze do pieczenia.
g) Piecz naczynie przez około trzydzieści minut.

10. Grecki pudding ryżowy na śniadanie (Rizogalo)

SKŁADNIKI:
- Dwie szklanki pełnego mleka
- Dwie szklanki wody
- Cztery łyżki skrobi kukurydzianej
- Cztery łyżki białego cukru
- Pół szklanki ryżu
- Ćwierć łyżeczki sproszkowanego cynamonu

INSTRUKCJE:
a) Weź duży rondel.
b) Dodaj wodę i pełne mleko.
c) Pozostawić płyn do wrzenia przez pięć minut.
d) Dodaj ryż i cukier do mieszanki mlecznej.
e) Gotuj wszystkie składniki przez trzydzieści minut lub do momentu, aż zaczną gęstnieć.
f) Na wierzch dodaj proszek cynamonowy.
g) Danie jest gotowe do podania.

11. Greckie babeczki jajeczne na śniadanie

SKŁADNIKI:
- Pół szklanki suszonych pomidorów
- Dziesięć jaj
- Ćwierć szklanki oliwek
- Jedna filiżanka pokruszonego sera
- Ćwierć szklanki śmietanki

INSTRUKCJE:
a) Weź dużą miskę.
b) Dodaj wszystkie składniki do miski.
c) Wszystko dobrze wymieszaj.
d) Wlać masę jajeczną do natłuszczonej formy na muffiny.
e) Piec muffinki przez dwadzieścia do trzydziestu minut.
f) Rozłóż muffinki.
g) Danie jest gotowe do podania.

12. Greckie śniadanie Patelnia jajeczna z warzywami i fetą

SKŁADNIKI:
- Dwie łyżki oliwy z oliwek
- Dwa duże jajka
- Jeden dojrzały pomidor wiśniowy
- Dwie szklanki posiekanego szpinaku baby
- Jedna szklanka posiekanej cebuli
- Jedna filiżanka papryki
- Ćwierć szklanki pokruszonego sera feta
- Szczypta soli
- Szczypta czarnego pieprzu

INSTRUKCJE:
a) Weź dużą patelnię.
b) Dodaj oliwę z oliwek na patelnię.
c) Na patelnię dodaj cebulę i sól.
d) Dobrze usmaż cebulę, a następnie dodaj czarny pieprz na patelnię.
e) Do mieszanki dodaj młody szpinak i paprykę.
f) Gotuj składniki dobrze przez około pięć minut.
g) Rozbij jajka na patelnię.
h) Dobrze ugotuj składniki.
i) Podawaj, gdy jajka będą gotowe.
j) Udekoruj danie pokruszonym serem feta.

13. Greckie śniadanie Pitas

SKŁADNIKI:
- Dwie łyżki oliwy z oliwek
- Dwie kromki chleba pita
- Dwa duże jajka
- Jeden dojrzały pomidor wiśniowy
- Dwie szklanki posiekanego szpinaku baby
- Jedna szklanka posiekanej cebuli
- Pół szklanki posiekanej bazylii
- Jedna filiżanka papryki
- Ćwierć szklanki pokruszonego sera feta
- Szczypta soli
- Szczypta czarnego pieprzu
- Pęczek posiekanej kolendry

INSTRUKCJE:
a) Weź dużą patelnię.
b) Dodaj oliwę z oliwek na patelnię.
c) Na patelnię dodaj cebulę i sól.
d) Dobrze usmaż cebulę, a następnie dodaj czarny pieprz na patelnię.
e) Do mieszanki dodaj młody szpinak i paprykę.
f) Gotuj składniki dobrze przez około pięć minut.
g) Rozbij jajka na patelnię.
h) Dobrze ugotuj składniki.
i) Podawaj, gdy jajka będą gotowe.
j) Pozostaw jajka do ostygnięcia, a następnie dodaj pokruszony ser feta
k) w tym.
l) Dobrze wymieszaj.
m) Podgrzej chleb pita.
n) Wytnij dziurę w chlebie i włóż do niej ugotowaną mieszankę.
o) Udekoruj chleb posiekaną kolendrą.

14. Parfait z jogurtu greckiego

SKŁADNIKI:
- 1 szklanka jogurtu greckiego
- ½ szklanki świeżych jagód (np. jagód, truskawek)
- 2 łyżki miodu
- 2 łyżki posiekanych orzechów (np. migdałów lub włoskich)
- ¼ szklanki granoli

INSTRUKCJE:
a) W szklance lub misce ułóż warstwami jogurt grecki, świeże jagody i miód.
b) Posypać posiekanymi orzechami i granolą.
c) Ciesz się pysznym parfaitem z jogurtu greckiego!

15. Omlet śródziemnomorski

SKŁADNIKI:
- 2 duże jajka
- ¼ szklanki pokrojonych w kostkę pomidorów
- ¼ szklanki pokrojonej w kostkę papryki
- ¼ szklanki pokrojonej w kostkę czerwonej cebuli
- 2 łyżki sera feta
- 1 łyżka oliwy z oliwek
- Świeże zioła (np. pietruszka lub oregano)
- Sól i pieprz do smaku

INSTRUKCJE:
a) Rozgrzej oliwę z oliwek na patelni na średnim ogniu.
b) Smaż pokrojone w kostkę warzywa, aż będą miękkie.
c) Jajka roztrzepać w misce i wlać na patelnię.
d) Gotuj do momentu, aż jajka się zetną, po czym posyp serem feta, ziołami, solą i pieprzem.
e) Złóż omlet na pół i podawaj na gorąco.

16. Wrap śniadaniowy ze szpinakiem i fetą

SKŁADNIKI:
- 2 duże jajka
- 1 szklanka świeżych liści szpinaku
- 2 łyżki pokruszonego sera feta
- 1 tortilla pełnoziarnista
- 1 łyżka oliwy z oliwek
- Sól i pieprz do smaku

INSTRUKCJE:
a) Rozgrzej oliwę z oliwek na patelni na średnim ogniu.
b) Dodać świeże liście szpinaku i smażyć, aż zwiędną.
c) W misce roztrzepać jajka i rozbełtać je na patelni ze szpinakiem.
d) Posyp jajka serem feta i smaż, aż się lekko roztopi.
e) Umieść mieszaninę jajek i szpinaku w pełnoziarnistej tortilli, zwiń ją i podawaj jako wrap.

GRECKIE PRZEKĄSKI

17.Grecki dip tzatziki

SKŁADNIKI:
- Półtorej szklanki jogurtu greckiego
- Jedna łyżka posiekanego świeżego koperku
- Pół pokrojonego ogórka
- Dwie łyżki oliwy z oliwek
- Pół łyżeczki soli
- Dwie łyżeczki mielonego czosnku
- Jedna łyżka białego octu

INSTRUKCJE:
a) Weź dużą miskę.
b) Do miski dodaj wszystkie suszone składniki.
c) Dobrze wymieszaj i wstaw do lodówki na dziesięć minut.
d) Do miski dodać mokre składniki.
e) Dobrze wymieszaj.

18. Grecki smażony ser

SKŁADNIKI:
- Jeden funt twardego sera
- Olej roślinny
- Jedna szklanka mąki uniwersalnej

INSTRUKCJE:
a) Ser pokroić w plasterki.
b) Zanurz go w mące uniwersalnej.
c) Weź dużą patelnię.
d) Wlej olej na patelnię i dobrze rozgrzej.
e) Dodaj plasterki sera i smaż w głębokim tłuszczu, aż nabiorą złocistego koloru.

19.Frytki Greckie

SKŁADNIKI:
- Jeden funt brunatnych ziemniaków
- Olej roślinny
- Jedna szklanka mąki uniwersalnej
- Jedna szklanka pokruszonego sera feta
- Jedna filiżanka salsy

INSTRUKCJE:
a) Ziemniaki pokroić w słupki.
b) Zanurz go w mące uniwersalnej.
c) Weź dużą patelnię.
d) Wlej olej na patelnię i dobrze rozgrzej.
e) Dodaj paluszki ziemniaczane i smaż w głębokim tłuszczu, aż staną się złotobrązowe.
f) Rozłóż frytki i połóż na nich salsę i ser feta.

20.Grecki dip z fety

SKŁADNIKI:
- Półtorej szklanki jogurtu greckiego
- Jedna łyżka posiekanego świeżego koperku
- Pół posiekanego sera feta
- Dwie łyżki oliwy z oliwek
- Pół łyżeczki soli
- Dwie łyżeczki mielonego czosnku
- Jedna łyżka białego octu

INSTRUKCJE:
a) Weź dużą miskę.
b) Do miski dodaj wszystkie suszone składniki.
c) Dobrze wymieszaj i wstaw do lodówki na dziesięć minut.
d) Do miski dodać mokre składniki.
e) Dobrze wymieszaj.

21. Sałatka Owocowa Śródziemnomorska

SKŁADNIKI:
- 2 szklanki arbuza, pokrojonego w kostkę
- 2 szklanki ogórka, pokrojonego w kostkę
- 1 szklanka sera feta, pokruszonego
- ¼ szklanki posiekanych świeżych liści mięty lub bazylii
- 1 łyżka oliwy z oliwek extra virgin
- 1 łyżka octu balsamicznego
- Sól i pieprz do smaku

INSTRUKCJE:
a) W dużej misce połącz arbuz, ogórek i ser feta.
b) W małej misce wymieszaj oliwę z oliwek i ocet balsamiczny.
c) Sosem polej sałatkę i delikatnie wymieszaj, aby składniki się połączyły.
d) Posypać posiekanymi listkami mięty lub bazylii.
e) Dopraw solą i pieprzem do smaku.
f) Przed podaniem schłodzić w lodówce przez 30 minut.

22.Kalmary z rozmarynem i olejem chili

SKŁADNIKI:
- Oliwa z oliwek z pierwszego tłoczenia
- 1 pęczek świeżego rozmarynu
- 2 całe czerwone chilli, pozbawione pestek i drobno posiekane 150 ml śmietany
- 3 żółtka
- 2 łyżki startego parmezanu
- 2 łyżki mąki zwykłej
- Sól i świeżo zmielony czarny pieprz
- 1 ząbek czosnku, obrany i rozgnieciony
- 1 łyżeczka suszonego oregano
- Olej roślinny do głębokiego smażenia
- 6 Kalmary oczyścić i pokroić w krążki
- Sól

INSTRUKCJE:

a) Aby przygotować sos, w małym rondlu rozgrzej oliwę z oliwek, dodaj rozmaryn i chili. Usuń z równania.

b) W dużej misce wymieszaj śmietanę, żółtka, parmezan, mąkę, czosnek i oregano. Mieszaj, aż ciasto będzie gładkie. Doprawić czarnym pieprzem, świeżo zmielonym.

c) Rozgrzej olej do 200°C do głębokiego smażenia lub do czasu, aż kostka chleba się zarumieni w ciągu 30 sekund.

d) Zanurzaj krążki kalmarów, pojedynczo, w cieście i ostrożnie umieszczaj je w oleju. Gotuj na złoty kolor, około 2-3 minuty.

e) Odcedź na papierze kuchennym i natychmiast podawaj z dressingiem. W razie potrzeby doprawić solą.

23.Grecki dip z bakłażana

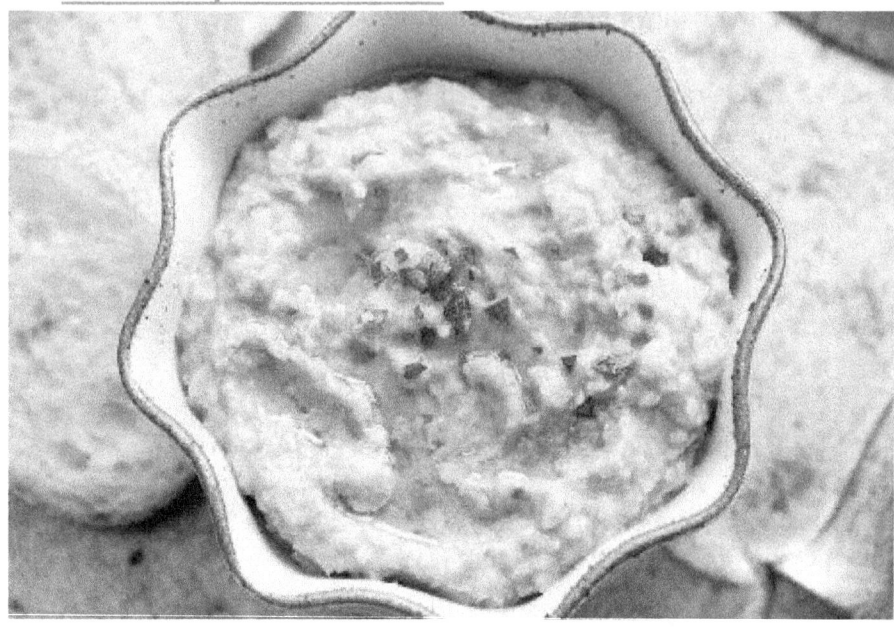

SKŁADNIKI:
- Półtorej szklanki jogurtu greckiego
- Jedna łyżka posiekanego świeżego koperku
- Pół posiekanego pieczonego bakłażana
- Dwie łyżki oliwy z oliwek
- Pół łyżeczki soli
- Dwie łyżeczki mielonego czosnku

INSTRUKCJE:
a) Weź dużą miskę.
b) Dodaj wszystkie składniki i dobrze wymieszaj.
c) Udekoruj danie świeżym koperkiem.

24.Greckie sajgonki Spanakopita

SKŁADNIKI:
- Jedno opakowanie sajgonek
- Olej roślinny
- **DO WYPEŁNIENIA:**
- Jedna szklanka sera feta
- Cztery jajka
- Pół łyżeczki świeżo startej gałki muszkatołowej
- Szczypta soli
- Jedna łyżka oliwy z oliwek
- Ćwierć szklanki posiekanej cebuli
- Jedna łyżeczka mielonego czosnku
- Jedna łyżka mleka
- Pół szklanki posiekanego szpinaku
- Szczypta mielonego czarnego pieprzu

INSTRUKCJE:
a) Weź dużą patelnię.
b) Dodaj oliwę z oliwek na patelnię.
c) Gdy olej się rozgrzeje, dodaj cebulę i czosnek.
d) Gotuj cebulę, aż stanie się miękka.
e) Wymieszaj jajka i dodaj posiekany szpinak na patelnię.
f) Gotuj składniki, aż szpinak zwiędnie.
g) Na patelnię dodaj ser feta, mleko, czarny pieprz, sól i świeżo startą gałkę muszkatołową.
h) Gotuj składniki przez około pięć minut.
i) Wyłącz kuchenkę i poczekaj, aż mieszanina ostygnie.
j) Dodaj mieszaninę do opakowań sajgonek i zwiń.
k) Smaż sajgonki w głębokim tłuszczu, aż staną się złotobrązowe.
l) Po ugotowaniu rozłóż spanakopitę.

25.Greckie Tortilla Wiatraczki

SKŁADNIKI:
- Jedno opakowanie tortilli
- Olej roślinny

DO WYPEŁNIENIA:
- Jedna szklanka sera feta
- Jeden funt mielonego mięsa wołowego
- Pół łyżeczki świeżo startej gałki muszkatołowej
- Szczypta soli
- Jedna łyżka oliwy z oliwek
- Ćwierć szklanki posiekanej cebuli
- Jedna łyżeczka mielonego czosnku
- Jedna łyżka mleka
- Pół szklanki posiekanego szpinaku
- Szczypta mielonego czarnego pieprzu

INSTRUKCJE:
a) Weź dużą patelnię.
b) Dodaj oliwę z oliwek na patelnię.
c) Gdy olej się rozgrzeje, dodaj cebulę i czosnek.
d) Gotuj cebulę, aż stanie się miękka.
e) Wymieszaj wołowinę i dodaj posiekany szpinak na patelnię.
f) Gotuj składniki, aż szpinak zwiędnie.
g) Na patelnię dodaj ser feta, mleko, czarny pieprz, sól i świeżo startą gałkę muszkatołową.
h) Gotuj składniki przez około pięć minut.
i) Wyłącz kuchenkę i poczekaj, aż mieszanina ostygnie.
j) Dodaj mieszaninę do tortilli i zwiń.
k) Piec wiatraczki, aż nabiorą złotobrązowego koloru.
l) Gdy będą gotowe, rozłóż wiatraczki.

26.Greckie nadziewane ogórki

SKŁADNIKI:
- Kilogramowy ogórek

DO WYPEŁNIENIA:
- Jedna szklanka sera feta
- Kilogram mielonego kurczaka
- Pół łyżeczki świeżo startej gałki muszkatołowej
- Szczypta soli
- Jedna łyżka oliwy z oliwek
- Ćwierć szklanki posiekanej cebuli
- Jedna łyżeczka mielonego czosnku
- Szczypta mielonego czarnego pieprzu
- Świeża mięta

INSTRUKCJE:
a) Weź dużą patelnię.
b) Dodaj oliwę z oliwek na patelnię.
c) Gdy olej się rozgrzeje, dodaj cebulę i czosnek.
d) Gotuj cebulę, aż stanie się miękka.
e) Wymieszaj kurczaka na patelni.
f) Na patelnię dodaj ser feta, czarny pieprz, sól i świeżo startą gałkę muszkatołową.
g) Gotuj składniki przez około pięć minut.
h) Wyłącz kuchenkę i poczekaj, aż mieszanina ostygnie.
i) Dodaj mieszaninę do kawałków ogórka.
j) Udekoruj danie posiekanymi listkami mięty.

27. Chrupiące, pikantne ziemniaki

SKŁADNIKI:
- 3 łyżki oliwy z oliwek
- 4 Rude ziemniaki, obrane i pokrojone w kostkę
- 2 łyżki posiekanej cebuli
- 2 ząbki czosnku, posiekane
- Sól i świeżo zmielony czarny pieprz
- 1 1/2 łyżki hiszpańskiej papryki
- 1/4 łyżeczki sosu Tabasco
- 1/4 łyżeczki mielonego tymianku
- 1/2 szklanki ketchupu
- 1/2 szklanki majonezu
- Posiekana natka pietruszki, do dekoracji
- 1 szklanka oliwy z oliwek, do smażenia

INSTRUKCJE:
SOS BRAVA:
a) W rondlu na średnim ogniu rozgrzej 3 łyżki oliwy z oliwek. Smaż cebulę i czosnek, aż cebula zmięknie.

b) Zdejmij patelnię z ognia i wymieszaj z papryką, sosem Tabasco i tymiankiem.

c) W misce wymieszaj ketchup i majonez.

d) Do smaku doprawić solą i pieprzem. Usuń z równania.

ZIEMNIAKI:
e) Ziemniaki lekko doprawiamy solą i czarnym pieprzem.

f) Smażyć ziemniaki w 1 szklance (8 uncji) oliwy z oliwek na dużej patelni, aż będą złocistobrązowe i ugotowane, od czasu do czasu mieszając.

g) Odcedź ziemniaki na ręcznikach papierowych, spróbuj i dopraw solą, jeśli to konieczne.

h) Aby ziemniaki pozostały chrupiące, należy je wymieszać z sosem tuż przed podaniem.

i) Podawać na ciepło, udekorowane posiekaną natką pietruszki.

28.Cracke z sałatką grecką r

SKŁADNIKI:
DO OPARTU:
- Pół łyżeczki soli koszernej
- Dwie łyżeczki świeżo zmielonego czarnego pieprzu
- Ćwierć szklanki czerwonego octu winnego
- Pół szklanki oliwy z oliwek
- Dwie łyżki mielonego czosnku
- Dwie łyżeczki świeżego oregano
- Pół łyżeczki suszonego oregano

NA SAŁATKĘ:
- Jedna szklanka sera feta
- Pół funta kromek pieczywa chrupkiego
- Pół łyżeczki mielonego czosnku
- Dwie łyżki oliwy z oliwek
- Pół szklanki oliwek Kalamata
- Jedna filiżanka czerwono-pomarańczowej papryki
- Jedna filiżanka angielskiego ogórka
- Jedna szklanka pomidorków koktajlowych

INSTRUKCJE:
a) Weź małą miskę. Dodajemy do tego oliwę i przeciśnięty przez praskę czosnek.
b) Wymieszać z kromkami chleba.
c) Piec plastry przez dziesięć minut.
d) Gdy będą gotowe, rozłóż kromki chleba.
e) Weź dużą miskę. Do miski dodaj ogórek angielski, oliwki Kalamata, czerwono-pomarańczową paprykę, pomidorki koktajlowe i ser feta.
f) Wszystko dobrze wymieszaj i odłóż na bok.
g) Weź małą miskę.
h) Dodać oliwę z oliwek, ocet winny z czerwonego wina, sól koszerną, zmielony czosnek, świeżo zmiażdżony czarny pieprz, świeże oregano i suszone oregano.
i) Wszystko dobrze wymieszaj.
j) Tym dressingiem polej przygotowaną sałatkę.
k) Wszystko dobrze wymieszaj i połóż na podpieczonych kromkach chleba.

29. Ukąszenia greckiego chleba Pita

SKŁADNIKI:
- Kilogramowe ukąszenia chleba pita
- Olej roślinny
- Jedna szklanka mąki uniwersalnej
- Jedna szklanka pokruszonego sera feta
- Jedna filiżanka salsy

INSTRUKCJE:
a) Chleb pita pokroić na kawałki wielkości kęsa.
b) Zanurz go w mące uniwersalnej.
c) Weź dużą patelnię.
d) Wlej olej na patelnię i dobrze rozgrzej.
e) Dodaj chleb pita i smaż w głębokim tłuszczu, aż uzyskają złocisty kolor.
f) Rozłóż chleb i połóż na nim salsę i ser feta.

30. Greckie kulki z cukinii (Kolokithokeftedes)

SKŁADNIKI:
- Jedna posiekana czerwona cebula
- Dwa posiekane ząbki czosnku
- Szczypta soli
- Szczypta czarnego pieprzu
- Pół szklanki liści mięty
- Dwie szklanki startej cukinii
- Pół łyżeczki oregano
- Jedno jajko
- Dwie łyżki oliwy z oliwek
- Jedna filiżanka jogurtu greckiego

INSTRUKCJE:
a) Weź dużą miskę.
b) Do miski dodać startą cukinię, przyprawy, miętę, cebulę, czosnek i jajko.
c) Wszystkie składniki dobrze wymieszaj i uformuj okrągłe kulki.
d) Smaż kulki cukinii na oliwie z oliwek, aż nabiorą złocistego koloru.
e) Rozłóż kulki.
f) Podawaj kulki cukinii z jogurtem greckim.

31.Baklava Energy Bites

SKŁADNIKI:
- 1 szklanka posiekanych orzechów (np. włoskich, migdałów)
- ¼ szklanki płatków owsianych
- 2 łyżki miodu
- ½ łyżeczki mielonego cynamonu
- ¼ łyżeczki mielonych goździków
- ¼ łyżeczki ekstraktu waniliowego
- 1 łyżka drobno posiekanych suszonych moreli (opcjonalnie)

INSTRUKCJE:
a) W robocie kuchennym połącz posiekane orzechy i płatki owsiane. Pulsuj, aż będzie drobno zmielony.
b) Dodać miód, cynamon, goździki i ekstrakt waniliowy. Mieszaj, aż mieszanina się sklei.
c) Jeśli chcesz, dodaj posiekane suszone morele.
d) Zwiń mieszaninę w kulki wielkości kęsa.
e) Przed podaniem schłodzić w lodówce około 30 minut.

32.Krewetka gambas

SKŁADNIKI:

- 1/2 szklanki oliwy z oliwek
- Sok z 1 cytryny
- 2 łyżeczki soli morskiej
- 24 średnio duże krewetki w skorupach z nienaruszonymi głowami

INSTRUKCJE:

a) W misce wymieszaj oliwę z oliwek, sok z cytryny i sól i wymieszaj, aż składniki się dokładnie połączą. Aby lekko pokryć krewetki, zanurz je w mieszance na kilka sekund.

b) Na suchej patelni rozgrzej olej na dużym ogniu. Pracując partiami, dodawaj krewetki w jednej warstwie, nie zapychając patelni, gdy jest bardzo gorąca. 1 minuta smażenia

c) Zmniejsz ogień do średniego i gotuj przez dodatkową minutę. Zwiększ ogień do wysokiego i smaż krewetki przez kolejne 2 minuty lub do złotego koloru.

d) Trzymaj krewetki w cieple w niskim piekarniku na żaroodpornym talerzu.

e) W ten sam sposób ugotuj pozostałe krewetki.

33. Mieszanka szlaków inspirowana stylem śródziemnomorskim

SKŁADNIKI:
- 1 szklanka surowych migdałów
- 1 szklanka surowych orzechów nerkowca
- 1 szklanka niesolonych pistacji
- ½ szklanki suszonych moreli, posiekanych
- ½ szklanki suszonych fig, posiekanych
- ¼ szklanki złotych rodzynek
- ¼ szklanki suszonych pomidorów, posiekanych
- 1 łyżka oliwy z oliwek
- ½ łyżeczki mielonego kminku
- ½ łyżeczki papryki
- ¼ łyżeczki soli morskiej
- ¼ łyżeczki czarnego pieprzu

INSTRUKCJE:
a) Rozgrzej piekarnik do 163°C (325°F).
b) W dużej misce wymieszaj migdały, orzechy nerkowca i pistacje.
c) W małej misce wymieszaj oliwę z oliwek, mielony kminek, paprykę, sól morską i czarny pieprz.
d) Posyp orzechy mieszanką przypraw i wymieszaj, aby równomiernie się nią pokryły.
e) Rozłóż przyprawione orzechy na blasze do pieczenia w jednej warstwie.
f) Piec orzechy w nagrzanym piekarniku przez 10-15 minut lub do momentu, aż lekko się zarumienią. Pamiętaj, aby co jakiś czas je przemieszać, aby równomiernie się upiekły.
g) Po upieczeniu orzechów wyjmij je z piekarnika i pozostaw do całkowitego ostygnięcia.
h) W dużej misce wymieszaj prażone orzechy z posiekanymi suszonymi morelami, figami, złotymi rodzynkami i suszonymi pomidorami.
i) Wymieszaj wszystko razem, aby stworzyć śródziemnomorską mieszankę szlaków.
j) Przechowuj mieszankę szlakową w szczelnym pojemniku, aby móc ją zjeść w drodze.

34. Daktyle i pistacje

SKŁADNIKI:
- 12 daktyli Medjool, bez pestek
- ½ szklanki łuskanych pistacji
- 2 łyżki serka śmietankowego lub koziego
- 1 łyżeczka miodu
- ½ łyżeczki mielonego kminku
- ¼ łyżeczki mielonej papryki
- Sól i czarny pieprz do smaku
- Świeże liście pietruszki do dekoracji (opcjonalnie)

INSTRUKCJE:
a) W robocie kuchennym zmiksuj obrane pistacje, aż zostaną drobno posiekane. Przełóż je do płytkiej miski i odłóż na bok.

b) W tym samym robocie kuchennym wymieszaj serek śmietankowy (lub ser kozi), miód, mielony kminek, mieloną paprykę, sól i czarny pieprz. Mieszaj, aż mieszanina będzie gładka i dobrze połączona.

c) Ostrożnie otwórz każdy wydrążony daktyl, aby utworzyć małą kieszonkę.

d) Weź około 1 łyżeczkę mieszanki serowej i włóż ją do każdego daktyla, wypełniając kieszeń.

e) Po nadziewaniu daktyli obtaczamy je w posiekanych pistacjach, tak aby pistacje przylegały do masy serowej.

f) Nadziewane i panierowane daktyle ułożyć na półmisku.

g) W razie potrzeby udekoruj świeżymi liśćmi pietruszki, aby uzyskać odrobinę zieleni.

h) Podawaj natychmiast pikantne kawałki daktyli i pistacji lub przechowuj je w lodówce do czasu, aż będą gotowe.

35.Bakłażany z miodem

SKŁADNIKI:

- 3 łyżki miodu
- 3 bakłażany
- 2 szklanki mleka
- 1 łyżka soli
- 1 łyżka pieprzu
- 100 g mąki
- 4 łyżki oliwy z oliwek

INSTRUKCJE:

a) Pokrój bakłażana w cienkie plasterki.

b) W naczyniu miksującym wymieszaj bakłażany. Do miski wlej tyle mleka, aby całkowicie zakryło bakłażany. Doprawić szczyptą soli.

c) Pozostawić na co najmniej godzinę do namoczenia.

d) Wyjmij bakłażany z mleka i odłóż je na bok. Używając mąki, obtocz każdy plasterek. Obtaczamy w mieszance soli i pieprzu.

e) Na patelni rozgrzej oliwę z oliwek. Plasterki bakłażana smażymy w głębokim tłuszczu w temperaturze 180 stopni C.

f) Połóż smażone bakłażany na ręcznikach papierowych, aby wchłonęły nadmiar oleju.

g) Skropić bakłażany miodem.

h) Podawać.

GRECKI OBIAD

36. Klasyczne greckie ziemniaki cytrynowe

SKŁADNIKI:
- Jedna szklanka cebuli
- Jedna szklanka bulionu warzywnego
- Pół łyżeczki wędzonej papryki
- Dwie łyżki musztardy Dijon
- Dwie łyżeczki białego cukru
- Dwie łyżki oliwy z oliwek
- Dwie szklanki koncentratu pomidorowego
- Jedna łyżka suszonego rozmarynu
- Szczypta soli
- Szczypta czarnego pieprzu
- Jedna łyżeczka suszonego tymianku
- Jeden funt różyczek kalafiora
- Dwie łyżki mielonego czosnku
- Pół szklanki wytrawnego białego wina
- Pół szklanki soku z cytryny
- Pół szklanki kolendry

INSTRUKCJE:
a) Weź dużą patelnię.
b) Dodaj do niego oliwę z oliwek i plasterki cebuli.
c) Podsmaż plastry cebuli, a następnie rozłóż je na talerzu.
d) Na patelnię dodaj czosnek, kawałki ziemniaków, sok z cytryny i przyprawy.
e) Gotuj kawałki ziemniaków w przyprawach przez pięć do dziesięciu minut.
f) Do mieszanki dodaj pozostałe składniki.
g) Gotuj mieszaninę, aż zacznie wrzeć.
h) Zmniejsz ogień do minimum i przykryj patelnię pokrywką.
i) Po dziesięciu minutach zdejmij pokrywkę.
j) Sprawdź ziemniaki przed podaniem.
k) Przed podaniem pokruszyć na wierzch ugotowane plasterki cebuli.

37. Grecka sałatka

SKŁADNIKI:
DO OPARTU:
- Pół łyżeczki soli koszernej
- Dwie łyżeczki świeżo zmielonego czarnego pieprzu
- Ćwierć szklanki czerwonego octu winnego
- Pół szklanki oliwy z oliwek
- Dwie łyżki mielonego czosnku
- Dwie łyżeczki świeżego oregano
- Pół łyżeczki suszonego oregano

NA SAŁATKĘ:
- Jedna szklanka sera feta
- Pół szklanki parmezanu
- Pół funta kromek chleba
- Pół łyżeczki mielonego czosnku
- Dwie łyżki oliwy z oliwek
- Pół szklanki oliwek Kalamata
- Jedna filiżanka czerwono-pomarańczowej papryki
- Jedna filiżanka angielskiego ogórka
- Jedna szklanka pomidorków koktajlowych

INSTRUKCJE:

a) Weź małą miskę.
b) Dodajemy do tego oliwę i przeciśnięty przez praskę czosnek.
c) Dobrze wymieszaj i posmaruj nim kromki chleba.
d) Dodaj parmezan na wierzch plasterków.
e) Piec plastry przez dziesięć minut.
f) Gdy będą gotowe, rozłóż kromki chleba.
g) Weź dużą miskę.
h) Do miski dodaj ogórek angielski, oliwki Kalamata, czerwono-pomarańczową paprykę, pomidorki koktajlowe i ser feta.
i) Wszystko dobrze wymieszaj i odłóż na bok.
j) Weź małą miskę.
k) Dodać oliwę z oliwek, ocet winny z czerwonego wina, sól koszerną, zmielony czosnek, świeżo zmiażdżony czarny pieprz, świeże oregano i suszone oregano.
l) Wszystko dobrze wymieszaj.
m) Tym dressingiem polej przygotowaną sałatkę.
n) Wszystko dobrze wymieszaj i dodaj podpieczone kromki chleba na bok.

38.Grecki Gyros z Kurczaka

SKŁADNIKI:
- Cztery placki
- Pół szklanki bulionu warzywnego
- Ćwierć szklanki soku z cytryny
- Jedna szklanka sosu tzatziki
- Pół szklanki pokrojonej w plasterki czerwonej cebuli
- Pół szklanki pokrojonych w plasterki pomidorów
- Pół szklanki sałaty rzymskiej
- Jedna łyżka mielonego czosnku
- Jedna szklanka koncentratu pomidorowego
- Dwie łyżki oliwy z oliwek
- Jedna łyżka sproszkowanego czosnku
- Jedna łyżka suszonego tymianku
- Pół łyżeczki mielonego cynamonu
- Dwie łyżki sproszkowanego chilli
- Ćwierć łyżeczki świeżej gałki muszkatołowej
- Szczypta soli morskiej
- Dwie szklanki kawałków kurczaka

INSTRUKCJE:
a) Weź dużą patelnię.
b) Na patelnię dodaj oliwę z oliwek i czosnek.
c) Dodać oregano, koncentrat pomidorowy, wędzoną paprykę, gałkę muszkatołową, chili w proszku, tymianek i sól.
d) Na patelnię dodaj bulion warzywny, sok z cytryny i kawałki kurczaka.
e) Gotuj składniki dobrze przez około piętnaście minut.
f) Piecz placki przez około dwie do trzech minut.
g) Pokrój płaskie pieczywo pomiędzy nimi, tworząc strukturę torebki.
h) Gotową mieszankę dodać do podpłomyka i polać sosem tzatziki, sałatą rzymską, pokrojonymi w plasterki pomidorami i czerwoną cebulą.

39.Greckie klopsiki

SKŁADNIKI:
- Jedna posiekana czerwona cebula
- Dwa posiekane ząbki czosnku
- Szczypta soli
- Szczypta czarnego pieprzu
- Pół szklanki liści mięty
- Dwie szklanki mielonego mięsa wołowego
- Pół łyżeczki oregano
- Jedno jajko
- Dwie łyżki oliwy z oliwek
- Jedna filiżanka jogurtu greckiego

INSTRUKCJE:
a) Weź dużą miskę.
b) Do miski dodać mielone mięso wołowe, przyprawy, miętę, cebulę, czosnek i jajko.
c) Wszystkie składniki dobrze wymieszaj i uformuj okrągłe kulki.
d) Smażyć klopsiki na oliwie z oliwek, aż nabiorą złocistego koloru.
e) Rozłóż klopsiki.
f) Klopsiki podawaj z jogurtem greckim.

40.Grecka Faszerowana Papryka

SKŁADNIKI:
- Pół szklanki ugotowanego ryżu
- Jedna szklanka koncentratu pomidorowego
- Dwie łyżki niesolonego masła
- Trzy łyżki granulowanego cukru
- Pół szklanki posiekanej marchewki
- Jedna łyżeczka mielonego imbiru
- Dwie szklanki mieszanego sera
- Posiekana świeża pietruszka
- Dwie łyżki oliwy z oliwek
- Jeden funt zielonej papryki
- Dwie szklanki pomidorów
- Szczypta soli
- Szczypta czarnego pieprzu
- Dwie szklanki posiekanych ziemniaków
- Jedna szklanka posiekanej czerwonej cebuli
- Jedna łyżka mielonego czosnku
- Pół szklanki posiekanej cukinii

INSTRUKCJE:
a) Weź dużą patelnię.
b) Na patelnię dodaj masło i posiekaną cebulę.
c) Smaż cebulę, aż stanie się miękka.
d) Dodajemy czosnek i imbir oraz pokrojoną cukinię, pokrojone ziemniaki, pomidory, koncentrat pomidorowy i posiekaną marchewkę.
e) Gotuj warzywa dobrze przez około dziesięć minut.
f) Dodaj granulowany cukier, ugotowany ryż, sól i pieprz.
g) Wszystko dobrze wymieszaj i rozłóż.
h) Oczyść paprykę ze środka i dodaj do niej ugotowaną mieszankę.
i) Na wierzch dodaj wymieszany ser i ułóż paprykę na natłuszczonej blasze do pieczenia.
j) Piec paprykę, aż ser zmieni kolor na jasnozłoty.
k) Udekoruj paprykę świeżo posiekanymi liśćmi pietruszki.

41. Grecka zupa fasolowa

SKŁADNIKI:
- Pół szklanki posiekanego świeżego tymianku
- Pół szklanki posiekanego świeżego oregano
- Pół szklanki posiekanego świeżego szczypiorku
- Jedna łyżeczka mieszanki przypraw w proszku
- Pół łyżeczki wędzonej papryki
- Jeden liść laurowy
- Szczypta soli
- Szczypta czarnego pieprzu
- Dwie łyżki oliwy z oliwek
- Jeden funt fasoli
- Pół łyżki posiekanego czosnku
- Dwie szklanki posiekanych pomidorów
- Jedna szklanka posiekanej cebuli
- Jedna szklanka posiekanej natki pietruszki
- Jedna szklanka bulionu warzywnego
- Jedna szklanka wody

INSTRUKCJE:
a) Weź dużą patelnię.
b) Dodaj do niego posiekaną cebulę i oliwę z oliwek.
c) Dobrze wymieszaj składniki.
d) Dodaj posiekany czosnek na patelnię.
e) Na patelnię dodać pomidory, oregano, liść laurowy, sól, czarny pieprz, tymianek, wędzoną paprykę, mieszankę przypraw w proszku i szczypiorek.
f) Dobrze ugotuj składniki.
g) Dodaj fasolę do mieszanki.
h) Na patelnię dodaj bulion warzywny i wodę.
i) Dobrze wymieszaj zupę.
j) Połóż pokrywkę na wierzchu patelni.
k) Gotuj zupę przez dziesięć do piętnastu minut.
l) Podawaj zupę, gdy fasola będzie już gotowa.
m) Udekoruj danie posiekaną natką pietruszki na wierzchu.

42. Grecka pieczona fasolka szparagowa

SKŁADNIKI:
- Szczypta soli
- Szczypta czarnego pieprzu
- Cztery szklanki pokrojonej w kostkę fasolki szparagowej
- Jedna szklanka posiekanej cebuli
- pół łyżki siekanego czosnku,
- Trzy łyżki oliwy z oliwek
- Dwie łyżki granulowanego cukru
- Dwie łyżki posiekanej natki pietruszki
- Jedna łyżka wędzonej papryki
- Dwie łyżki świeżego oregano
- Dwie łyżki świeżego tymianku
- Pół szklanki wywaru warzywnego
- Jedna szklanka posiekanych pomidorów

INSTRUKCJE:
a) Weź dużą patelnię.
b) Dodaj do niego posiekaną cebulę i oliwę z oliwek.
c) Dobrze wymieszaj składniki.
d) Dodaj posiekany czosnek na patelnię.
e) Na patelnię dodaj pomidory, oregano, sól, czarny pieprz, cukier granulowany, tymianek i wędzoną paprykę.
f) Dobrze ugotuj składniki.
g) Do mieszanki dodaj pokrojoną w kostkę fasolkę szparagową.
h) Dodaj bulion warzywny na patelnię.
i) Dobrze wymieszaj składniki.
j) Połóż pokrywkę na wierzchu patelni.
k) Gotuj zieloną fasolkę przez dziesięć do piętnastu minut.
l) Rozłóż jedzenie, gdy fasolka szparagowa będzie gotowa.
m) Udekoruj danie posiekaną natką pietruszki na wierzchu.

43. Grecka zupa z soczewicy

SKŁADNIKI:
- Szczypta soli
- Szczypta czarnego pieprzu
- Dwie łyżki oliwy z oliwek
- Jeden funt mieszanej soczewicy
- Pół łyżki posiekanego czosnku
- Dwie szklanki posiekanych pomidorów
- Pół szklanki posiekanego świeżego tymianku
- Pół szklanki posiekanego świeżego oregano
- Pół szklanki posiekanego świeżego szczypiorku
- Jedna łyżeczka mieszanki przypraw w proszku
- Pół łyżeczki wędzonej papryki
- Jeden liść laurowy
- Jedna szklanka posiekanej cebuli
- Jedna szklanka posiekanej natki pietruszki
- Jedna szklanka bulionu warzywnego
- Jedna szklanka wody

INSTRUKCJE:
a) Weź dużą patelnię.
b) Dodaj do niego posiekaną cebulę i oliwę z oliwek.
c) Dobrze wymieszaj składniki.
d) Dodaj posiekany czosnek na patelnię.
e) Na patelnię dodać pomidory, oregano, liść laurowy, sól, czarny pieprz, tymianek, wędzoną paprykę, mieszankę przypraw w proszku i szczypiorek.
f) Dobrze ugotuj składniki.
g) Dodaj soczewicę do mieszanki.
h) Na patelnię dodaj bulion warzywny i wodę.
i) 9. Dobrze wymieszaj zupę.
j) Połóż pokrywkę na wierzchu patelni.
k) Gotuj zupę przez dziesięć do piętnastu minut.
l) Podawaj zupę, gdy soczewica będzie gotowa.
m) Udekoruj danie posiekaną natką pietruszki na wierzchu.

44. Grecka zupa z ciecierzycy

SKŁADNIKI:

- Jedna szklanka posiekanej cebuli
- Jedna szklanka posiekanej natki pietruszki
- Jedna szklanka bulionu warzywnego
- Jedna szklanka wody
- Szczypta soli
- Szczypta czarnego pieprzu
- Dwie łyżki oliwy z oliwek
- Jeden funt ciecierzycy
- Pół łyżki posiekanego czosnku
- Dwie szklanki posiekanych pomidorów
- Pół szklanki posiekanego świeżego tymianku
- Pół szklanki posiekanego świeżego oregano
- Pół szklanki posiekanego świeżego szczypiorku
- Jedna łyżeczka mieszanki przypraw w proszku
- Pół łyżeczki wędzonej papryki
- Jeden liść laurowy

INSTRUKCJE:

a) Weź dużą patelnię.
b) Dodaj do niego posiekaną cebulę i oliwę z oliwek.
c) Dobrze wymieszaj składniki.
d) Dodaj posiekany czosnek na patelnię.
e) Na patelnię dodać pomidory, oregano, liść laurowy, sól, czarny pieprz, tymianek, wędzoną paprykę, mieszankę przypraw w proszku i szczypiorek.
f) Dobrze ugotuj składniki.
g) Dodaj ciecierzycę do mieszanki.
h) Na patelnię dodaj bulion warzywny i wodę.
i) Dobrze wymieszaj zupę.
j) Połóż pokrywkę na wierzchu patelni.
k) Gotuj zupę przez dziesięć do piętnastu minut.
l) Podawaj zupę, gdy ciecierzyca będzie już gotowa.
m) Udekoruj danie posiekaną natką pietruszki na wierzchu.

45. Greckie Souvlaki

SKŁADNIKI:
- pół łyżki siekanego czosnku,
- Trzy łyżki oliwy z oliwek
- Dwie łyżki granulowanego cukru
- Dwie łyżki posiekanej natki pietruszki
- Jedna łyżka wędzonej papryki
- Dwie łyżki świeżego oregano
- Dwie łyżki świeżego tymianku
- Pół szklanki posiekanego świeżego szczypiorku
- Jedna łyżeczka mieszanki przypraw w proszku
- Pół łyżeczki wędzonej papryki
- Jeden funt udek z kurczaka
- Chleb pita

INSTRUKCJE:
a) Weź dużą miskę.
b) Dodaj wszystkie składniki do miski.
c) Dobrze wymieszaj marynatę.
d) Kawałki kurczaka podsmaż na patelni grillowej.
e) Podawaj, gdy kawałki kurczaka staną się złotobrązowe z obu stron.
f) Podawaj souvlaki z chlebem pita z boku.

46. Grecka lasagne z wołowiną i bakłażanem (Moussaka)

SKŁADNIKI:
- Jedna łyżka mielonego czosnku
- Dwie łyżki świeżego posiekanego koperku
- Jedna szklanka sera feta
- Dwie szklanki mielonego mięsa wołowego
- Szczypta soli
- Szczypta mielonego czarnego pieprzu
- Jedna szklanka kawałków bakłażana
- Dwie łyżki oliwy z oliwek
- Trzy szklanki młodego szpinaku
- Dwie filiżanki rdzawych ziemniaków
- Jedna szklanka posiekanej cebuli
- Dwie szklanki sosu pomidorowego
- Dwie szklanki sosu beszamelowego

INSTRUKCJE:
a) Weź dużą miskę.
b) Do miski włóż bakłażana, mielone mięso wołowe, ziemniaki i młody szpinak.
c) W misce wymieszaj oliwę z oliwek, sól i zmielony czarny pieprz.
d) Piec składniki w piekarniku przez około dwadzieścia minut.
e) Weź dużą patelnię.
f) Na patelnię dodaj oliwę z oliwek i cebulę.
g) Gotuj cebulę, aż stanie się miękka.
h) Dodaj posiekany czosnek na patelnię.
i) Dobrze ugotuj składniki.
j) Na patelnię dodaj ser feta, sól i czarny pieprz.
k) Wszystkie składniki dokładnie mieszamy i dodajemy posiekany koperek
l) patelnia.
m) Na patelnię dodaj pieczoną wołowinę i warzywa, a następnie wymieszaj
n) wszystko dobrze.
o) Dodaj sos pomidorowy i beszamel na wierzch mieszanki warzywnej.
p) Piec przez kolejne dziesięć minut.

47.Sałatka Śródziemnomorska z Ciecierzycy

SKŁADNIKI:
- 2 puszki (15 uncji każda) ciecierzycy, odsączone i opłukane
- 1 szklanka pomidorków koktajlowych, przekrojonych na połówki
- 1 ogórek, pokrojony w kostkę
- ½ czerwonej cebuli, drobno posiekanej
- ¼ szklanki oliwek Kalamata, wypestkowanych i pokrojonych w plasterki
- ¼ szklanki sera feta, pokruszonego
- 2 łyżki oliwy z oliwek extra virgin
- 2 łyżki czerwonego octu winnego
- 1 łyżeczka suszonego oregano
- Sól i pieprz do smaku

INSTRUKCJE:
a) W dużej misce sałatkowej wymieszaj ciecierzycę, pomidorki koktajlowe, ogórek, czerwoną cebulę i oliwki Kalamata.
b) W małej misce wymieszaj oliwę z oliwek, ocet z czerwonego wina, suszone oregano, sól i pieprz.
c) Sosem polej sałatkę i wymieszaj.
d) Posyp pokruszonym serem feta.
e) Podawać schłodzone i smacznego!

48. Kurczak cytrynowo-ziołowy z komosą ryżową i brzoskwinią

SKŁADNIKI:
DLA KURCZAKA ZIOŁOWEGO CYTRYNOWO:
- 1 małe udko z kurczaka (3 uncje, bez kości i skóry)
- ¼ cytryny, wyciśnięta sok
- ¼ łyżeczki papryki
- Sól i pieprz do smaku
- Olej rzepakowy lub roślinny do grillowania

NA SAŁATĘ Z KOMOSĄ I BRZOSKWINIAMI:
- 1 szklanka ugotowanej komosy ryżowej
- 1 duża brzoskwinia, wydrążona i posiekana
- 2 łyżki świeżej bazylii, porwanej
- 10 połówek orzechów pekan, posiekanych
- 1 łyżeczka oliwy z oliwek

INSTRUKCJE:
DLA KURCZAKA ZIOŁOWEGO CYTRYNOWO:
a) W małej misce wymieszaj sok z cytryny, paprykę, sól i pieprz, aby stworzyć marynatę.

b) Umieść udko z kurczaka w zamykanej plastikowej torbie lub płytkim naczyniu i zalej je marynatą.

c) Zamknij torebkę lub przykryj naczynie i marynuj kurczaka w lodówce przez co najmniej 30 minut lub dłużej, aby uzyskać lepszy smak.

d) Rozgrzej grill lub patelnię grillową na średnim ogniu i posmaruj ją olejem rzepakowym lub roślinnym.

e) Grilluj udko kurczaka przez około 6-7 minut z każdej strony lub do momentu, aż będzie ugotowane i pojawią się ślady grillowania.

f) Zdejmij kurczaka z grilla i odstaw go na kilka minut przed pokrojeniem.

NA SAŁATĘ Z KOMOSĄ I BRZOSKWINIAMI:
g) W osobnej misce połącz ugotowaną komosę ryżową, posiekaną brzoskwinię, porwaną świeżą bazylię i posiekane połówki orzechów pekan.

h) Sałatkę skrop 1 łyżeczką oliwy z oliwek i delikatnie wymieszaj.

i) Dopraw solą i pieprzem do smaku.

j) Podawaj grillowanego kurczaka z ziołami cytrynowymi wraz z komosą ryżową i sałatką brzoskwiniową.

49.Opakowanie z sałatką grecką

SKŁADNIKI:
- 2 tortille pełnoziarniste
- ¼ szklanki sałaty rzymskiej lub mieszanki zielonych
- 1 szklanka pokrojonych w kostkę ogórków
- 1 szklanka pokrojonych w kostkę pomidorów
- ½ szklanki pokrojonej w kostkę czerwonej cebuli
- ¼ szklanki pokruszonego sera feta
- ¼ szklanki oliwek Kalamata, wypestkowanych i pokrojonych w plasterki
- 2 łyżki oliwy z oliwek extra virgin
- 2 łyżki czerwonego octu winnego
- 1 łyżeczka suszonego oregano
- Sól i pieprz do smaku

INSTRUKCJE:
a) W misce wymieszaj ogórki, pomidory, czerwoną cebulę, ser feta i oliwki Kalamata.
b) W małej misce wymieszaj oliwę z oliwek, ocet z czerwonego wina, suszone oregano, sól i pieprz.
c) Sosem polej sałatkę i wymieszaj.
d) Podgrzej tortille pełnoziarniste na patelni lub w kuchence mikrofalowej.
e) Połóż sałatę na wierzchu tortilli.
f) Nałóż mieszaninę sałat na tortille, złóż boki i zwiń jak wrap.
g) Przekrój na pół i podawaj.

50. Sałatka Śródziemnomorska Quinoa

SKŁADNIKI:
- 1 szklanka komosy ryżowej
- 2 szklanki wody
- 1 szklanka pomidorków koktajlowych, przekrojonych na połówki
- 1 ogórek, pokrojony w kostkę
- ½ czerwonej papryki, pokrojonej w kostkę
- ¼ szklanki czerwonej cebuli, drobno posiekanej
- ¼ szklanki posiekanej świeżej pietruszki
- ¼ szklanki sera feta, pokruszonego
- 2 łyżki oliwy z oliwek extra virgin
- 2 łyżki soku z cytryny
- 1 łyżeczka suszonego oregano
- Sól i pieprz do smaku

INSTRUKCJE:

a) Komosę ryżową przepłucz pod zimną wodą.

b) W rondlu wymieszaj quinoę z wodą, zagotuj, a następnie zmniejsz ogień. Przykryj i gotuj przez około 15 minut lub do momentu wchłonięcia wody.

c) W dużej misce wymieszaj ugotowaną komosę ryżową, pomidorki koktajlowe, ogórek, czerwoną paprykę, czerwoną cebulę i świeżą pietruszkę.

d) W małej misce wymieszaj oliwę z oliwek, sok z cytryny, suszone oregano, sól i pieprz.

e) Sosem polej sałatkę i wymieszaj.

f) Posyp pokruszonym serem feta.

g) Podawać schłodzone i smacznego!

51. Sałatka śródziemnomorska z tuńczyka i białej fasoli

SKŁADNIKI:

- 1 puszka (6 uncji) tuńczyka w wodzie, odsączona
- 1 puszka (15 uncji) białej fasoli, odsączona i przepłukana
- ½ szklanki pomidorków cherry, przekrojonych na połówki
- ¼ szklanki czerwonej cebuli, drobno posiekanej
- 2 łyżki posiekanej świeżej bazylii
- 2 łyżki oliwy z oliwek extra virgin
- 1 łyżka octu z czerwonego wina
- 1 ząbek czosnku, posiekany
- Sól i pieprz do smaku

INSTRUKCJE:

a) W misce wymieszaj odsączonego tuńczyka, białą fasolę, pomidorki koktajlowe, czerwoną cebulę i świeżą bazylię.

b) W małej misce wymieszaj oliwę z oliwek, ocet winny, posiekany czosnek, sól i pieprz.

c) Sosem polej sałatkę i wymieszaj.

d) Podawaj tę śródziemnomorską sałatkę z tuńczyka i białej fasoli jako pyszny i bogaty w białko lunch.

52.Kalmary i Ryż

SKŁADNIKI:
- 6 oz. owoce morza (dowolne do wyboru)
- 3 ząbki czosnku
- 1 średniej wielkości cebula (pokrojona w plasterki)
- 3 łyżki oliwy z oliwek
- 1 zielona papryka (w plasterkach)
- 1 łyżka atramentu z kałamarnicy
- 1 pęczek pietruszki
- 2 łyżki papryki
- 550 gramów kalmarów (oczyszczonych)
- 1 łyżka soli
- 2 seler (pokrojony w kostkę)
- 1 świeży liść laurowy
- 2 średniej wielkości pomidory (starte)
- 300 g ryżu calasparra
- 125 ml białego wina
- 2 szklanki bulionu rybnego
- 1 cytryna

INSTRUKCJE:
a) Na patelnię wlać oliwę z oliwek. W misce wymieszaj cebulę, liść laurowy, pieprz i czosnek. Pozostaw na kilka minut do smażenia.
b) Wrzuć kalmary i owoce morza. Gotuj przez kilka minut, a następnie wyjmij kalmary/owoce morza.
c) W dużej misce wymieszaj paprykę, pomidory, sól, seler, wino i pietruszkę. Odczekaj 5 minut, aż warzywa dokończą gotowanie.
d) Na patelnię wrzucamy opłukany ryż. W misce wymieszaj bulion rybny i atrament z kałamarnicy.
e) Gotuj w sumie 10 minut. Połącz owoce morza i kalmary w dużej misce.
f) Gotuj jeszcze 5 minut.
g) Podawać z aioli lub cytryną.

GRECKI KOLACJA

53. Greckie nadziewane liście winogron

SKŁADNIKI:
- Pół szklanki ugotowanego ryżu
- Jedna szklanka koncentratu pomidorowego
- Dwie łyżki niesolonego masła
- Trzy łyżki granulowanego cukru
- Dwie szklanki gotowanej wołowiny
- Jedna łyżeczka mielonego imbiru
- Dwie szklanki mieszanego sera
- Posiekana świeża pietruszka
- Dwie łyżki oliwy z oliwek
- Jeden funt liści winogron
- Dwie szklanki pomidorów
- Szczypta soli
- Szczypta czarnego pieprzu
- Jedna szklanka posiekanej czerwonej cebuli
- Jedna łyżka mielonego czosnku

INSTRUKCJE:
a) Weź dużą patelnię.
b) Na patelnię dodaj masło i posiekaną cebulę.
c) Smaż cebulę, aż stanie się miękka.
d) Dodać czosnek i imbir, a także mielone mięso wołowe, pomidory i koncentrat pomidorowy.
e) Gotuj dobrze wołowinę przez około dziesięć minut.
f) Dodaj granulowany cukier, ugotowany ryż, sól i pieprz.
g) Wszystko dobrze wymieszaj i rozłóż.
h) Oczyść liście winogron i dodaj do nich ugotowaną mieszankę.
i) Zwiń liście winogron.
j) Na wierzch dodaj wymieszany ser i ułóż liście winogron na natłuszczonej blasze do pieczenia.
k) Gotuj liście winogron na parze przez około dziesięć do piętnastu minut.
l) Udekoruj liście winogron świeżo posiekanymi liśćmi pietruszki.

54.Greckie Pieczone Orzo

SKŁADNIKI:
- Jedna filiżanka niegotowanego orzo
- Dwie szklanki kawałków kurczaka
- Osiem uncji świeżo ściętego szpinaku
- Jedna łyżka świeżego koperku
- Cztery łyżeczki oliwy z oliwek
- Jedna łyżeczka suszonego oregano
- Dwa ząbki posiekanego czosnku
- Dwie szklanki pełnego mleka
- Pięć uncji suszonych pomidorów
- Jedna szklanka pokruszonego sera feta
- Jedna łyżeczka pieprzu cytrynowego
- Jedna łyżeczka soli
- Jedna łyżeczka pieprzu

INSTRUKCJE:
a) Weź dużą miskę.
b) Do miski dodać pieprz, pieprz cytrynowy, świeży koperek, suszone oregano i sól.
c) Dobrze wymieszaj wszystkie składniki.
d) Do miski włóż kawałki kurczaka, orzo, oliwę z oliwek i szpinak.
e) Dokładnie wymieszaj składniki, dodaj posiekany czosnek i resztę składników.
f) Wymieszaj ze sobą wszystkie składniki obu misek.
g) Wlać mieszaninę do natłuszczonego naczynia do pieczenia.
h) Piecz orzo przez dwadzieścia pięć do trzydziestu minut.
i) Po zakończeniu rozłóż orzo.
j) Danie jest gotowe do podania.

55. Grecka Spanakopita

SKŁADNIKI:
NA CIASTO:
- Dwie szklanki mąki uniwersalnej
- Dwie łyżeczki drobnej soli morskiej
- Pół szklanki niesolonego miękkiego masła
- Dwa całe jaja
- Ćwierć szklanki wody z lodem

DO WYPEŁNIENIA:
- Jedna szklanka sera feta
- Cztery jajka
- Pół łyżeczki świeżo startej gałki muszkatołowej
- Szczypta soli
- Jedna łyżka oliwy z oliwek
- Ćwierć szklanki posiekanej cebuli
- Jedna łyżeczka mielonego czosnku
- Jedna łyżka mleka
- Pół szklanki posiekanego szpinaku
- Szczypta mielonego czarnego pieprzu

INSTRUKCJE:

a) Weź dużą miskę.
b) Do miski dodaj mąkę i sól morską.
c) Dokładnie wymieszaj składniki, a następnie do miski dodaj jajka, wodę i miękkie masło.
d) Wszystkie składniki dobrze wymieszać, wyrobić ciasto.
e) Weź dużą patelnię.
f) Dodaj oliwę z oliwek na patelnię.
g) Gdy olej się rozgrzeje, dodaj cebulę i czosnek.
h) Gotuj cebulę, aż stanie się miękka.
i) Wymieszaj jajka i dodaj posiekany szpinak na patelnię.
j) Gotuj składniki, aż szpinak zwiędnie.
k) Na patelnię dodaj ser feta, mleko, czarny pieprz, sól i świeżo startą gałkę muszkatołową.
l) Gotuj składniki przez około pięć minut.
m) Wyłącz kuchenkę i poczekaj, aż mieszanina ostygnie.
n) Rozwałkuj ciasto i ułóż jego połowę w okrągłej formie do pieczenia.
o) Do gotowej masy dodać ugotowaną masę i przykryć pozostałą częścią ciasta.
p) Piec spanakopita przez około dwadzieścia do dwudziestu pięciu minut.
q) Po ugotowaniu rozłóż spanakopitę.

56. Greckie placki serowe (Tiropita)

SKŁADNIKI:
- Ćwierć szklanki greckiego sera feta
- Jedna filiżanka sera gruyere
- Jedna szklanka mleka
- Cztery całe jajka
- Ćwierć szklanki sera Philadelphia
- pół szklanki roztopionego masła
- Jedno opakowanie organicznych arkuszy filo
- Jedna gałązka świeżych listków tymianku
- Dwie łyżki nasion sezamu
- Szczypta soli
- Szczypta świeżo zmielonego czarnego pieprzu

INSTRUKCJE:
a) Weź dużą patelnię.
b) Na patelnię dodaj masło i rozpuść je.
c) Na patelnię dodaj nasiona sezamu, jajka, sól i pieprz.
d) Dobrze ugotuj jajka, a następnie dodaj tymianek na patelnię.
e) Gotuj naczynie przez dwie do trzech minut, a następnie rozłóż je na talerzu.
f) Gdy masa ostygnie, dodaj mleko, serek Philadelphia, grecki ser feta i ser Gruyere.
g) Wszystko dobrze wymieszaj.
h) Wytnij arkusze filo w pożądany kształt i dodaj powyższą mieszaninę do środka.
i) Ułóż placki na natłuszczonej blasze do pieczenia.
j) Włóż blachę do pieczenia do nagrzanego piekarnika.
k) Piec ciasta przez około czterdzieści pięć do pięćdziesięciu minut.
l) Podawaj ciasta, gdy osiągną złocistobrązowy kolor.
m) Danie jest gotowe do podania.

57. Greckie wolno gotowane gyros jagnięce

SKŁADNIKI:
- Cztery placki
- Pół szklanki bulionu warzywnego
- Ćwierć szklanki soku z cytryny
- Jedna szklanka sosu tzatziki
- Pół szklanki pokrojonej w plasterki czerwonej cebuli
- Pół szklanki pokrojonych w plasterki pomidorów
- Pół szklanki sałaty rzymskiej
- Jedna łyżka mielonego czosnku
- Jedna szklanka koncentratu pomidorowego
- Dwie łyżki oliwy z oliwek
- Jedna łyżka sproszkowanego czosnku
- Jedna łyżka suszonego tymianku
- Pół łyżeczki mielonego cynamonu
- Dwie łyżki sproszkowanego chilli
- Ćwierć łyżeczki świeżej gałki muszkatołowej
- Szczypta soli morskiej
- Dwie szklanki kawałków jagnięciny

INSTRUKCJE:
a) Weź dużą patelnię.
b) Na patelnię dodaj oliwę z oliwek i czosnek.
c) Dodać oregano, koncentrat pomidorowy, wędzoną paprykę, gałkę muszkatołową, chili w proszku, tymianek i sól.
d) Na patelnię dodaj bulion warzywny, sok z cytryny i kawałki jagnięciny.
e) Zwolnij działanie kuchenki i gotuj przez około trzydzieści minut.
f) Gotuj składniki dobrze przez około piętnaście minut.
g) Piecz placki przez około dwie do trzech minut.
h) Pokrój płaskie pieczywo pomiędzy nimi, tworząc strukturę torebki.
i) Gotową mieszankę dodać do podpłomyka i polać sosem tzatziki, sałatą rzymską, pokrojonymi w plasterki pomidorami i czerwoną cebulą.

58.Greckie cukinie nadziewane jagnięciną

SKŁADNIKI:
- Cztery łyżki oliwy z oliwek
- Jedna szklanka posiekanej cebuli
- Jedna łyżeczka cynamonu
- Cztery posiekane czosnek
- Ćwierć szklanki rodzynek
- Sześć cukinii
- Dwie szklanki mielonej jagnięciny
- Ćwierć szklanki posiekanych rodzynek
- Dwie łyżki orzeszków piniowych
- Jedna szklanka sera feta
- Posiekane liście mięty

INSTRUKCJE:
a) Weź patelnię.
b) Dodaj olej na patelnię.
c) Na patelnię dodaj wszystkie składniki oprócz mięty, sera feta i cukinii.
d) Dobrze ugotuj składniki, a następnie je zmiel.
e) Nałóż pastę na cukinię i przykryj serem feta.
f) Piecz cukinie przez około dziesięć do piętnastu minut.
g) Rozłóż cukinie i udekoruj je posiekanymi listkami mięty.

59. Grecka jagnięcina Kleftiko

SKŁADNIKI:

- Dwie szklanki kawałków jagnięciny
- Jedna łyżka świeżego koperku
- Cztery łyżeczki oliwy z oliwek
- Jedna łyżeczka suszonego oregano
- Dwa ząbki posiekanego czosnku
- Dwie szklanki pełnego mleka
- Pięć uncji suszonych pomidorów
- Jedna szklanka pokruszonego sera feta
- Jedna łyżeczka pieprzu cytrynowego
- Jedna łyżeczka soli
- Jedna łyżeczka pieprzu

INSTRUKCJE:

a) Weź dużą miskę.
b) Do miski dodać pieprz, pieprz cytrynowy, świeży koperek, suszone oregano i sól.
c) Dobrze wymieszaj wszystkie składniki.
d) Do miski dodaj kawałki jagnięciny i oliwę z oliwek.
e) Dokładnie wymieszaj składniki, dodaj posiekany czosnek i resztę składników.
f) Wymieszaj ze sobą wszystkie składniki obu misek.
g) Dodaj mieszaninę do natłuszczonego naczynia do pieczenia.
h) Piecz jagnięcinę kleftiko przez dwadzieścia pięć do trzydziestu minut.
i) Po zakończeniu rozłóż kleftiko.
j) Danie jest gotowe do podania.

60.Przyprawione Kotlety Jagnięce Z Wędzonym Bakłażanem

SKŁADNIKI:
- Dwie szklanki kawałków jagnięciny
- Jedna łyżka świeżego koperku
- Cztery łyżeczki oliwy z oliwek
- Jedna łyżeczka suszonego oregano
- Dwie łyżeczki mieszanki przypraw
- Dwa ząbki posiekanego czosnku
- Dwie filiżanki bakłażana
- Jedna szklanka pokruszonego sera feta
- Jedna łyżeczka pieprzu cytrynowego
- Jedna łyżeczka soli
- Jedna łyżeczka pieprzu

INSTRUKCJE:
a) Weź dużą miskę.
b) Do miski dodać paprykę, kawałki bakłażana, mieszankę przypraw, pieprz cytrynowy, świeży koperek, suszone oregano i sól.
c) Dobrze wymieszaj wszystkie składniki.
d) Do miski dodaj kawałki jagnięciny i oliwę z oliwek.
e) Dokładnie wymieszaj składniki, dodaj posiekany czosnek i resztę składników.
f) Wymieszaj ze sobą wszystkie składniki obu misek.
g) Dodaj mieszaninę do natłuszczonego naczynia do pieczenia.
h) Grilluj jagnięcinę i bakłażan przez dwadzieścia pięć do trzydziestu minut.
i) Po ugotowaniu rozłóż jagnięcinę i bakłażana.
j) Danie jest gotowe do podania.

61.Greckie Aborygeni i Jagnięce Pasticcio

SKŁADNIKI:
- Jedna łyżka mielonego czosnku
- Dwie łyżki świeżego posiekanego koperku
- Jedna szklanka sera feta
- Dwie szklanki mielonej jagnięciny
- Szczypta soli
- Szczypta mielonego czarnego pieprzu
- Jedna filiżanka kawałków bakłażana
- Dwie łyżki oliwy z oliwek
- Trzy szklanki młodego szpinaku
- Dwie filiżanki rdzawych ziemniaków
- Jedna szklanka posiekanej cebuli
- Dwie szklanki sosu pomidorowego
- Dwie szklanki sosu beszamelowego

INSTRUKCJE:
a) Weź dużą miskę.
b) Do miski włóż bakłażana, mieloną jagnięcinę, ziemniaki i młody szpinak.
c) W misce wymieszaj oliwę z oliwek, sól i zmielony czarny pieprz.
d) Piec składniki w piekarniku przez około dwadzieścia minut.
e) Weź dużą patelnię.
f) Na patelnię dodaj oliwę z oliwek i cebulę.
g) Gotuj cebulę, aż stanie się miękka.
h) Dodaj posiekany czosnek na patelnię.
i) Dobrze ugotuj składniki.
j) Na patelnię dodaj ser feta, sól i czarny pieprz.
k) Wszystkie składniki dokładnie mieszamy i dodajemy posiekany koperek
l) patelnia.
m) Na patelnię dodaj pieczoną jagnięcinę i warzywa, a następnie wymieszaj
n) wszystko dobrze.
o) Dodaj sos pomidorowy i beszamel na wierzch mieszanki warzywnej.
p) Piec przez kolejne dziesięć minut.

62.Sałatka Grecka Zielona Z Marynowaną Fetą

SKŁADNIKI:
DO OPARTU:
- Pół łyżeczki soli koszernej
- Dwie łyżeczki świeżo zmielonego czarnego pieprzu
- Ćwierć szklanki czerwonego octu winnego
- Pół szklanki oliwy z oliwek
- Dwie łyżki mielonego czosnku
- Dwie łyżeczki świeżego oregano
- Pół łyżeczki suszonego oregano

NA SAŁATKĘ:
- Jedna szklanka marynowanego sera feta
- Pół funta kromek chleba
- Pół łyżeczki mielonego czosnku
- Dwie łyżki oliwy z oliwek
- Pół szklanki oliwek Kalamata
- Jedna filiżanka czerwono-pomarańczowej papryki
- Jedna filiżanka angielskiego ogórka
- Jedna szklanka pomidorków koktajlowych

INSTRUKCJE:
a) Weź małą miskę.
b) Dodajemy do tego oliwę i przeciśnięty przez praskę czosnek.
c) Dobrze wymieszaj i posmaruj nim kromki chleba.
d) Gdy będą gotowe, rozłóż kromki chleba.
e) Weź dużą miskę.
f) Do miski dodaj ogórek angielski, oliwki Kalamata, czerwono-pomarańczową paprykę, pomidorki koktajlowe i marynowany ser feta.
g) Wszystko dobrze wymieszaj i odłóż na bok.
h) Weź małą miskę.
i) Dodać oliwę z oliwek, ocet winny z czerwonego wina, sól koszerną, zmielony czosnek, świeżo zmiażdżony czarny pieprz, świeże oregano i suszone oregano.
j) Wszystko dobrze wymieszaj.
k) Tym dressingiem polej przygotowaną sałatkę.
l) Wszystko dobrze wymieszaj i dodaj podpieczone kromki chleba na bok.

63.Grecka jagnięcina Pitas

SKŁADNIKI:
- Dwie łyżki oliwy z oliwek
- Dwie kromki chleba pita
- Dwa duże jajka
- Jeden dojrzały pomidor wiśniowy
- Dwie szklanki kawałków jagnięciny
- Jedna szklanka posiekanej cebuli
- Pół szklanki posiekanej bazylii
- Ćwierć szklanki pokruszonego sera feta
- Szczypta soli
- Szczypta czarnego pieprzu
- Pęczek posiekanej kolendry

INSTRUKCJE:
a) Weź dużą patelnię.
b) Dodaj oliwę z oliwek na patelnię.
c) Na patelnię dodaj cebulę i sól.
d) Dobrze usmaż cebulę, a następnie dodaj czarny pieprz na patelnię.
e) Dodaj kawałki jagnięciny do mieszanki.
f) Do mieszanki dodaj posiekaną bazylię.
g) Gotuj składniki dobrze przez około piętnaście minut.
h) Podawaj, gdy kawałki jagnięciny będą gotowe.
i) Pozostaw mięso do ostygnięcia, a następnie dodaj do niego pokruszony ser feta.
j) Dobrze wymieszaj.
k) Podgrzej chlebki pita.
l) Wytnij dziurę w chlebie i włóż do niej ugotowaną mieszankę.
m) Udekoruj chleb posiekaną kolendrą.

64. Pieczony łosoś śródziemnomorski

SKŁADNIKI:
DO PIECZONEGO ŁOSOSIA:
- 2 filety z łososia (6 uncji każdy)
- 2 ząbki czosnku, posiekane
- 2 łyżki oliwy z oliwek extra virgin
- 1 cytryna, wyciśnięta sok
- 1 łyżeczka suszonego oregano
- Sól i pieprz do smaku

NA SAŁATĘ GRECKĄ:
- 1 ogórek, pokrojony w kostkę
- 1 szklanka pomidorków koktajlowych, przekrojonych na połówki
- ½ czerwonej cebuli, drobno posiekanej
- ¼ szklanki oliwek Kalamata, wypestkowanych i pokrojonych w plasterki
- ¼ szklanki pokruszonego sera feta
- 2 łyżki oliwy z oliwek extra virgin
- 2 łyżki czerwonego octu winnego
- 1 łyżeczka suszonego oregano
- Sól i pieprz do smaku

INSTRUKCJE:
DO PIECZONEGO ŁOSOSIA:
a)   Rozgrzej piekarnik do 190°C (375°F).
b)   W małej misce wymieszaj posiekany czosnek, oliwę z oliwek z pierwszego tłoczenia, sok z cytryny, suszone oregano, sól i pieprz.
c)   Filety z łososia układamy na blasze wyłożonej papierem do pieczenia.
d)   Posmaruj łososia mieszanką cytryny i czosnku.
e)   Piecz przez 15-20 minut lub do momentu, aż łosoś będzie łatwo łuskać się widelcem.
NA SAŁATĘ GRECKĄ:
f)   W dużej misce sałatkowej wymieszaj pokrojony w kostkę ogórek, pomidorki koktajlowe, czerwoną cebulę, oliwki Kalamata i pokruszony ser feta.
g)   W małej misce wymieszaj oliwę z oliwek z pierwszego tłoczenia, ocet z czerwonego wina, suszone oregano, sól i pieprz.
h)   Sosem polej sałatkę i wymieszaj.
i)   Podawaj pieczonego łososia z sałatką grecką.

65. Śródziemnomorska komosa ryżowa nadziewana papryką

SKŁADNIKI:
- 4 duże papryki (dowolny kolor)
- 1 szklanka komosy ryżowej
- 2 szklanki wody
- 1 puszka (15 uncji) ciecierzycy, odsączona i opłukana
- ½ szklanki pokrojonych w kostkę pomidorów
- ¼ szklanki posiekanej świeżej pietruszki
- ¼ szklanki pokruszonego sera feta
- 2 łyżki oliwy z oliwek extra virgin
- 1 łyżka soku z cytryny
- 1 łyżeczka suszonego oregano
- Sól i pieprz do smaku
- Liście bazylii, do dekoracji

INSTRUKCJE:
a) Rozgrzej piekarnik do 190°C (375°F).
b) Z papryk odetnij wierzchołki, usuń nasiona i błony.
c) W rondlu wymieszaj quinoę z wodą, zagotuj, a następnie zmniejsz ogień. Przykryj i gotuj przez około 15 minut lub do momentu wchłonięcia wody.
d) W misce wymieszaj ugotowaną komosę ryżową, ciecierzycę, pokrojone w kostkę pomidory, posiekaną świeżą pietruszkę i pokruszony ser feta.
e) Do mieszanki komosy ryżowej dodaj oliwę z oliwek z pierwszego tłoczenia, sok z cytryny, suszone oregano, sól i pieprz. Dobrze wymieszaj.
f) Nafaszeruj paprykę mieszanką komosy ryżowej i ciecierzycy.
g) Nadziewane papryki ułożyć w naczyniu do pieczenia, przykryć folią aluminiową i piec około 30 minut.
h) Zdejmij folię i piecz przez kolejne 10 minut lub do momentu, aż papryka będzie miękka, a wierzch lekko się zarumieni.
i) Podawać udekorowane listkami bazylii.

66. Gulasz śródziemnomorski z soczewicy i warzyw

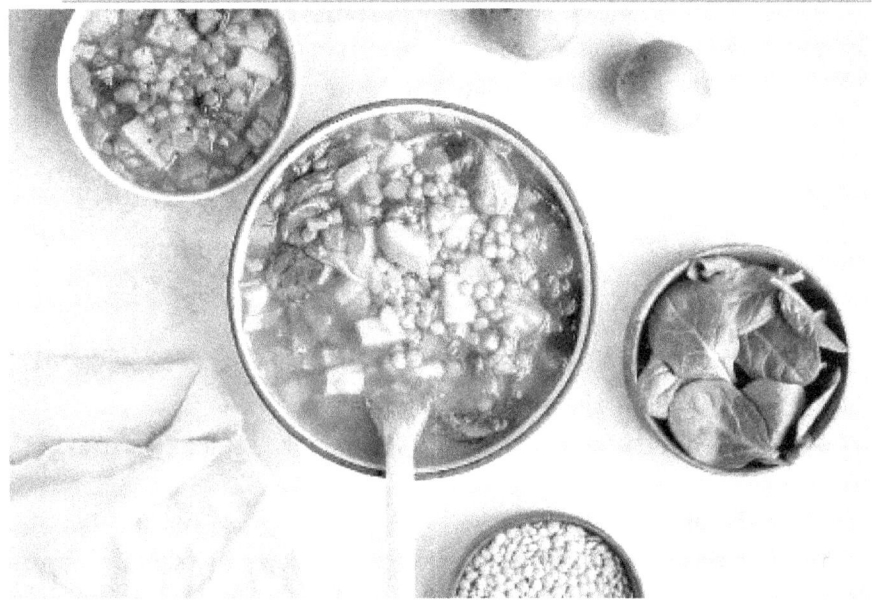

SKŁADNIKI:
- 1 szklanka zielonej lub brązowej soczewicy, opłukanej i odsączonej
- 4 szklanki bulionu warzywnego
- 2 marchewki, pokrojone w kostkę
- 2 łodygi selera, pokrojone w kostkę
- 1 cebula, drobno posiekana
- 2 ząbki czosnku, posiekane
- 1 puszka (15 uncji) pokrojonych w kostkę pomidorów
- 1 łyżeczka suszonego oregano
- 1 łyżeczka suszonego tymianku
- Sól i pieprz do smaku
- 2 łyżki oliwy z oliwek extra virgin
- Świeża pietruszka do dekoracji 1 szklanka szpinaku baby

INSTRUKCJE:
a) W dużym garnku rozgrzej oliwę z oliwek z pierwszego tłoczenia na średnim ogniu.
b) Dodać posiekaną cebulę, marchewkę i seler. Smaż około 5 minut, aż zaczną mięknąć.
c) Dodajemy posiekany czosnek, suszone oregano i suszony tymianek. Gotuj przez kolejną minutę.
d) Dodać soczewicę, bulion warzywny i pokrojone w kostkę pomidory. Doprowadzić do wrzenia.
e) Zmniejsz ogień, przykryj i gotuj na wolnym ogniu przez około 25-30 minut lub do momentu, aż soczewica będzie miękka.
f) Tuż przed podaniem wymieszaj szpinak, aż zwiędnie.
g) Dopraw solą i pieprzem do smaku.
h) Podawać na gorąco śródziemnomorski gulasz z soczewicy i warzyw, udekorowany świeżą pietruszką.

67. Szaszłyki z grillowanych warzyw i sera Halloumi

SKŁADNIKI:

NA SZASZTAKI:
- 1 czerwona papryka, pokrojona w kawałki
- 1 żółta papryka, pokrojona w kawałki
- 1 cukinia, pokrojona w krążki
- 1 czerwona cebula, pokrojona w kawałki
- 8 pomidorków koktajlowych
- 8 drewnianych szpikulców namoczonych w wodzie
- 8 uncji sera Halloumi, pokrojonego w kostkę

DO MARYNATY:
- 2 łyżki oliwy z oliwek extra virgin
- 2 łyżki soku z cytryny
- 1 łyżeczka suszonego oregano
- Sól i pieprz do smaku

INSTRUKCJE:

a) Rozgrzej grill na średnio-wysokim ogniu.

b) Na namoczone drewniane patyczki do szaszłyków nabijamy naprzemiennie paprykę, cukinię, czerwoną cebulę, pomidorki koktajlowe i ser Halloumi.

c) W małej misce wymieszaj oliwę z oliwek z pierwszego tłoczenia, sok z cytryny, suszone oregano, sól i pieprz, aby przygotować marynatę.

d) Posmaruj szaszłyki marynatą.

e) Grilluj szaszłyki przez około 3-4 minuty z każdej strony lub do momentu, aż warzywa będą miękkie, a ser Halloumi lekko zarumieniony.

68.Smażona śródziemnomorska krewetka i szpinak

SKŁADNIKI:

- 8 uncji dużych krewetek, obranych i oczyszczonych
- 2 łyżki oliwy z oliwek extra virgin
- 2 ząbki czosnku, posiekane
- 6 szklanek świeżego szpinaku
- ½ szklanki pomidorków cherry, przekrojonych na połówki
- 1 łyżka soku z cytryny
- ½ łyżeczki suszonego oregano
- Sól i pieprz do smaku
- 1 do 2 cukinii przekrojonych wzdłuż na pół i pokrojonych w półplasterki
- 1 szklanka ugotowanej ciecierzycy z puszki, odsączonej
- Ser feta pokruszony (opcjonalnie)
- Garść świeżych liści bazylii, porwanych

INSTRUKCJE:

a) Na dużej patelni rozgrzej oliwę z oliwek z pierwszego tłoczenia na średnim ogniu.

b) Dodaj posiekany czosnek i smaż przez około 30 sekund, aż zacznie pachnieć.

c) Dodaj plasterki cukinii i smaż przez 3-4 minuty lub do momentu, aż zaczną mięknąć i lekko się rumienić.

d) Cukinię odsuń na bok patelni i dodaj krewetki.

e) Smaż przez 2-3 minuty z każdej strony lub do momentu, aż staną się różowe i nieprzezroczyste.

f) Na patelnię dodaj ciecierzycę, pomidorki koktajlowe i świeży szpinak. Smażyć, aż szpinak zwiędnie, a pomidory zmiękną.

g) Skropić sokiem z cytryny i posypać suszonym oregano, solą i pieprzem.

h) Wymieszaj, aby połączyć i gotuj przez dodatkową minutę.

i) Jeśli chcesz, przed podaniem posyp pokruszonym serem feta i porwanymi listkami świeżej bazylii.

GRECKI WEgetarianin

69.Grecki Gyros z Jackfruitem

SKŁADNIKI:
- Cztery placki
- Pół szklanki bulionu warzywnego
- Ćwierć szklanki soku z cytryny
- Jedna szklanka sosu tzatziki
- Pół szklanki pokrojonej w plasterki czerwonej cebuli
- Pół szklanki pokrojonych w plasterki pomidorów
- Pół szklanki sałaty rzymskiej
- Jedna łyżka mielonego czosnku
- Jedna szklanka koncentratu pomidorowego
- Dwie łyżki oliwy z oliwek
- Jedna łyżka sproszkowanego czosnku
- Jedna łyżka suszonego tymianku
- Pół łyżeczki mielonego cynamonu
- Dwie łyżki sproszkowanego chilli
- Ćwierć łyżeczki świeżej gałki muszkatołowej
- Szczypta soli morskiej
- Dwie szklanki kawałków jackfruit

INSTRUKCJE:
a) Weź dużą patelnię.
b) Na patelnię dodaj oliwę z oliwek i czosnek.
c) Dodać oregano, koncentrat pomidorowy, wędzoną paprykę, gałkę muszkatołową, chili w proszku, tymianek i sól.
d) Na patelnię dodaj bulion warzywny, sok z cytryny i kawałki jackfruit.
e) Gotuj składniki dobrze przez około pięć minut.
f) Piecz placki przez około dwie do trzech minut.
g) Pokrój płaskie pieczywo pomiędzy nimi, tworząc strukturę torebki.
h) Gotową mieszankę dodać do podpłomyka i polać sosem tzatziki, sałatą rzymską, pokrojonymi w plasterki pomidorami i czerwoną cebulą.

70.Grecka wegańska Skordalia

SKŁADNIKI:
- Ćwierć szklanki migdałowego posiłku
- Pół szklanki oliwy z oliwek
- Jeden rdzawy ziemniak
- Dwie łyżki soku z cytryny
- Dwie łyżeczki czerwonego octu winnego
- Dziesięć ząbków posiekanego czosnku
- Pół łyżeczki soli

INSTRUKCJE:
a) Weź rondelek.
b) Ziemniaki ugotuj w rondlu.
c) Po ugotowaniu odcedź ziemniaki.
d) Zetrzyj ziemniaki.
e) Do puree ziemniaczanego dodaj czosnek, sok z cytryny, mączkę migdałową, sól, ocet z czerwonego wina i oliwę z oliwek.
f) Wszystko dobrze wymieszaj.

71. Sałatka grecka z makaronem Orzo i wegańską fetą

SKŁADNIKI:

- Jedna posiekana czerwona cebula
- Osiem uncji makaronu orzo
- Pół szklanki oliwek Kalamata
- Dwie szklanki pomidorków koktajlowych
- Pół szklanki posiekanej natki pietruszki
- Dwie filiżanki wegańskiego sera
- Jeden posiekany ogórek
- Jedna szklanka sosu cytrynowego

INSTRUKCJE:

a) Weź rondelek i wlej do niego wodę.
b) Zagotuj wodę i dodaj do niej makaron orzo.
c) Po ugotowaniu odcedź makaron orzo.
d) Do makaronu dodać pozostałe składniki.
e) Wszystko dobrze wymieszaj.

72. Grecka ciecierzyca Gyros

SKŁADNIKI:
- Cztery placki
- Pół szklanki bulionu warzywnego
- Ćwierć szklanki soku z cytryny
- Jedna szklanka sosu tzatziki
- Pół szklanki pokrojonej w plasterki czerwonej cebuli
- Pół szklanki pokrojonych w plasterki pomidorów
- Pół szklanki sałaty rzymskiej
- Jedna łyżka mielonego czosnku
- Jedna szklanka koncentratu pomidorowego
- Dwie łyżki oliwy z oliwek
- Jedna łyżka sproszkowanego czosnku
- Jedna łyżka suszonego tymianku
- Pół łyżeczki mielonego cynamonu
- Dwie łyżki sproszkowanego chilli
- Ćwierć łyżeczki świeżej gałki muszkatołowej
- Szczypta soli morskiej
- Dwie szklanki kawałków ciecierzycy

INSTRUKCJE:
a) Weź dużą patelnię.
b) Na patelnię dodaj oliwę z oliwek i czosnek.
c) Dodać oregano, koncentrat pomidorowy, wędzoną paprykę, gałkę muszkatołową, chili w proszku, tymianek i sól.
d) Na patelnię dodaj bulion warzywny, sok z cytryny i kawałki ciecierzycy.
e) Gotuj składniki dobrze przez około dwadzieścia minut.
f) Piecz placki przez około dwie do trzech minut.
g) Pokrój płaskie pieczywo pomiędzy nimi, tworząc strukturę torebki.
h) Gotową mieszankę dodać do podpłomyka i polać sosem tzatziki, sałatą rzymską, pokrojonymi w plasterki pomidorami i czerwoną cebulą.

73.Grecka musaka wegetariańska

SKŁADNIKI:
- Jedna łyżka mielonego czosnku
- Dwie łyżki świeżego posiekanego koperku
- Jedna szklanka sera feta
- Dwie szklanki kawałków cukinii
- Szczypta soli
- Szczypta mielonego czarnego pieprzu
- Jedna szklanka kawałków bakłażana
- Dwie łyżki oliwy z oliwek
- Trzy szklanki młodego szpinaku
- Dwie filiżanki rdzawych ziemniaków
- Jedna szklanka posiekanej cebuli
- Dwie szklanki sosu pomidorowego
- Dwie szklanki sosu beszamelowego

INSTRUKCJE:
a) Weź dużą miskę.
b) Do miski włóż bakłażana, kawałki cukinii, ziemniaki i młody szpinak.
c) W misce wymieszaj oliwę z oliwek, sól i zmielony czarny pieprz.
d) Piec składniki w piekarniku przez około dwadzieścia minut.
e) Weź dużą patelnię.
f) Na patelnię dodaj oliwę z oliwek i cebulę.
g) Gotuj cebulę, aż stanie się miękka.
h) Dodaj posiekany czosnek na patelnię.
i) Dobrze ugotuj składniki.
j) Na patelnię dodaj ser feta, sól i czarny pieprz.
k) Wszystkie składniki dokładnie mieszamy i dodajemy posiekany koperek
l) patelnia.
m) Na patelnię wrzucamy upieczone warzywa i wszystko mieszamy
n) Dobrze.
o) Dodaj sos pomidorowy i beszamel na wierzch mieszanki warzywnej.
p) Piec przez kolejne dziesięć minut.

74. Grecka pieczona cukinia i ziemniaki

SKŁADNIKI:
- Pół szklanki posiekanej natki pietruszki
- Dwie łyżki liści oregano
- Jedna łyżka liści rozmarynu
- Dwie łyżki liści pietruszki
- Pół szklanki posiekanej cebuli
- Dwie łyżki oliwy z oliwek
- Pół szklanki liści bazylii
- Jedna filiżanka czerwonej papryki
- Jedna łyżka mielonej czerwonej papryki
- Pół łyżeczki liści kopru włoskiego
- Szczypta soli koszernej
- Szczypta czarnego pieprzu
- Jedna szklanka kawałków bakłażana
- Jedna szklanka kawałków cukinii
- Jedna szklanka posiekanego szczypiorku
- Jedna szklanka pomidorków koktajlowych
- Pół szklanki pikantnych, letnich gałązek
- Dwie łyżki mielonego czosnku
- Dwie łyżki suszonego tymianku

INSTRUKCJE:
a) Weź dużą patelnię.
b) Dodaj do niego oliwę i posiekaną cebulę.
c) Smaż cebulę, aż nabiorą jasnobrązowego koloru.
d) Dodaj posiekany czosnek na patelnię.
e) Gotuj mieszaninę przez pięć minut.
f) Doprawić mieszaninę solą i pieprzem.
g) Dodać przyprawy i wszystkie warzywa.
h) W misce rozgnieć pomidorki koktajlowe i dodaj sól.
i) Gdy warzywa będą gotowe, wyłóż mieszaninę na talerz.
j) Dodaj pokruszone pomidory na patelnię.
k) Gotuj pomidory przez dziesięć minut lub do momentu, aż staną się miękkie.
l) Ponownie dodaj mieszankę warzywną na patelnię.
m) Do formy włóż resztę składników i piecz przez około piętnaście minut.

75. Grecki ryż wegetariański

SKŁADNIKI:
- Trzy szklanki posiekanych mieszanych warzyw
- Dwie łyżeczki soku z cytryny
- Pół szklanki posiekanej cebuli
- Dwie łyżki mielonego czosnku
- Dwie łyżki oliwy z oliwek
- Szczypta soli
- Szczypta czarnego pieprzu
- Ćwierć szklanki suszonej mięty
- Dwie łyżki posiekanego świeżego koperku
- Dwa funty ziaren ryżu
- Dwie szklanki koncentratu pomidorowego
- Dwie szklanki wody

INSTRUKCJE:
a) Weź duży rondel.
b) Do garnka wlej wodę i dopraw solą.
c) Zagotuj wodę, a następnie dodaj do niej ryż.
d) Ugotuj ryż, a następnie odcedź go.
e) Weź dużą patelnię.
f) Dodaj oliwę z oliwek i dobrze podgrzej.
g) Dodaj posiekaną cebulę na patelnię i smaż, aż stanie się miękka i pachnąca.
h) Dodaj posiekany czosnek na patelnię.
i) Na patelnię dodaj warzywa, koncentrat pomidorowy, sok z cytryny, sól i zmielony czarny pieprz.
j) Gotuj składniki przez około dziesięć minut.
k) Dodaj ugotowany ryż na patelnię i dobrze wymieszaj.
l) Na patelnię dodaj suszoną miętę i posiekany koperek.
m) Połóż pokrywkę na wierzchu patelni.
n) Gotuj ryż przez około pięć minut na małym ogniu.

76. Greckie giganty Plaki

SKŁADNIKI:
- Cztery łyżki drobno posiekanego selera
- Pół szklanki gorącej wody
- Dwie szklanki drobno posiekanych pomidorów
- Jedna łyżeczka suszonych liści oregano
- Szczypta świeżo zmielonego czarnego pieprzu
- Szczypta soli koszernej
- Pół szklanki oliwy z oliwek
- Dwie łyżki mielonego czosnku
- Dwie filiżanki gigantes plaki
- Pół szklanki posiekanej cebuli
- Cztery łyżki drobno posiekanej natki pietruszki

INSTRUKCJE:
a) Weź patelnię.
b) Dodajemy oliwę i cebulę.
c) Smaż cebulę, aż stanie się miękka i pachnąca.
d) Dodaj posiekany czosnek na patelnię.
e) Ugotuj mieszaninę i dodaj do niej pomidory.
f) Przykryj naczynie pokrywką.
g) Gotuj pomidory, aż staną się miękkie.
h) Dodaj fasolę na patelnię.
i) Gotuj przez pięć minut.
j) Na patelnię dodaj wodę, sól i czarny pieprz.
k) Dokładnie wymieszaj składniki i przykryj patelnię.
l) Gdy fasola się ugotuje, rozłóż ją na talerzu.
m) Udekoruj danie posiekanym selerem i liśćmi pietruszki na wierzchu.

77.Greckie placuszki pomidorowe

SKŁADNIKI:
- Jedna szklanka posiekanych pomidorów
- Jedna szklanka czerwonej cebuli
- Jedna szklanka gramowej mąki
- Szczypta soli
- Dwie łyżki mieszanki przypraw
- Pół szklanki posiekanego koperku
- Pół szklanki posiekanej kolendry
- Olej roślinny

INSTRUKCJE:
a) Weź dużą miskę.
b) Dodaj wszystko do miski i dobrze wymieszaj.
c) Dodaj wodę do miski, aby utworzyć mieszaninę.
d) Rozgrzej patelnię i wlej na nią olej roślinny.
e) Na patelnię ostrożnie nakładamy łyżkę ciasta i smażymy kilka minut.
f) Podawać, gdy placki nabiorą jasnobrązowego koloru.

78. Greckie placuszki z ciecierzycy

SKŁADNIKI:
- Jedna filiżanka ugotowanej ciecierzycy
- Jedna szklanka czerwonej cebuli
- Jedna szklanka gramowej mąki
- Szczypta soli
- Dwie łyżki mieszanki przypraw
- Pół szklanki posiekanego koperku
- Pół szklanki posiekanej kolendry
- Olej roślinny

INSTRUKCJE:
a) Weź dużą miskę.
b) Dodaj wszystko do miski i dobrze wymieszaj.
c) Dodaj wodę do miski, aby utworzyć mieszaninę.
d) Rozgrzej patelnię i wlej na nią olej roślinny.
e) Na patelnię ostrożnie nakładamy łyżkę ciasta i smażymy kilka minut.
f) Podawać, gdy placki nabiorą jasnobrązowego koloru.

79. Grecki gulasz z białej fasoli

SKŁADNIKI:
- Jedna szklanka posiekanej cebuli
- Jedna szklanka posiekanej natki pietruszki
- Jedna szklanka bulionu warzywnego
- Jedna szklanka wody
- Szczypta soli
- Szczypta czarnego pieprzu
- Dwie łyżki oliwy z oliwek
- Jeden funt białej fasoli
- Pół łyżki posiekanego czosnku
- Dwie szklanki posiekanych pomidorów
- Pół szklanki posiekanego świeżego tymianku
- Pół szklanki posiekanego świeżego oregano
- Pół szklanki posiekanego świeżego szczypiorku
- Jedna łyżeczka mieszanki przypraw w proszku
- Pół łyżeczki wędzonej papryki
- Jeden liść laurowy

INSTRUKCJE:
a) Weź dużą patelnię.
b) Dodaj do niego posiekaną cebulę i oliwę z oliwek.
c) Dobrze wymieszaj składniki.
d) Dodaj posiekany czosnek na patelnię.
e) Na patelnię dodać pomidory, oregano, liść laurowy, sól, czarny pieprz, tymianek, wędzoną paprykę, mieszankę przypraw w proszku i szczypiorek.
f) Dobrze ugotuj składniki.
g) Dodaj białą fasolę do mieszanki.
h) Na patelnię dodaj bulion warzywny i wodę.
i) Dobrze wymieszaj gulasz.
j) Połóż pokrywkę na wierzchu patelni.
k) Gotuj gulasz przez dziesięć do piętnastu minut.
l) Podawaj gulasz, gdy fasola będzie gotowa.
m) Udekoruj danie posiekaną natką pietruszki na wierzchu.

80.Grecki Wegetarianin Bamie s

SKŁADNIKI:
- Jedna szklanka posiekanej cebuli
- Jedna szklanka posiekanej natki pietruszki
- Jedna szklanka bulionu warzywnego
- Jedna szklanka wody
- Szczypta soli
- Szczypta czarnego pieprzu
- Dwie łyżki oliwy z oliwek
- Jeden funt okry
- Pół łyżki posiekanego czosnku
- Dwie szklanki posiekanych pomidorów
- Pół szklanki posiekanego świeżego tymianku
- Pół szklanki posiekanego świeżego oregano
- Pół szklanki posiekanego świeżego szczypiorku
- Jedna łyżeczka mieszanki przypraw w proszku
- Pół łyżeczki wędzonej papryki
- Jeden liść laurowy

INSTRUKCJE:
a) Weź dużą patelnię.
b) Dodaj do niego posiekaną cebulę i oliwę z oliwek.
c) Dobrze wymieszaj składniki.
d) Dodaj posiekany czosnek na patelnię.
e) Na patelnię dodać pomidory, oregano, liść laurowy, sól, czarny pieprz, tymianek, wędzoną paprykę, mieszankę przypraw w proszku i szczypiorek.
f) Dobrze ugotuj składniki.
g) Dodaj kawałki okry do mieszanki.
h) Na patelnię dodaj bulion warzywny i wodę.
i) Dobrze wymieszaj gulasz.
j) Połóż pokrywkę na wierzchu patelni.
k) Gotuj gulasz przez dziesięć do piętnastu minut.
l) Podawaj gulasz, gdy warzywa będą gotowe.
m) Udekoruj danie posiekaną natką pietruszki na wierzchu.

81. Greckie grillowane miski warzywne

SKŁADNIKI:
- Jedna posiekana czerwona cebula
- Jedna szklanka kawałków bakłażana
- Jedna szklanka kawałków cukinii
- Dwie szklanki pomidorków koktajlowych
- Pół szklanki posiekanej natki pietruszki
- Dwie szklanki sera feta
- Jedna filiżanka papryki
- Jedna szklanka grzybów
- Jedna szklanka sosu cytrynowego

INSTRUKCJE:
a) Weź patelnię grillową i wlej na nią oliwę z oliwek.
b) Grilluj na nim warzywa.
c) Po zakończeniu usuń warzywo.
d) Do warzyw dodać resztę składników.
e) Wszystko dobrze wymieszaj.

82.Kuleczki Warzywne Z Sosem Cytrynowym Tahini

SKŁADNIKI:
- Jedna posiekana czerwona cebula
- Dwa posiekane ząbki czosnku
- Szczypta soli
- Szczypta czarnego pieprzu
- Pół szklanki liści mięty
- Dwie szklanki startych mieszanych warzyw
- Pół łyżeczki oregano
- Jedno jajko
- Dwie łyżki oliwy z oliwek
- Jedna filiżanka sosu cytrynowego tahini

INSTRUKCJE:
a) Weź dużą miskę.
b) Do miski dodaj startą mieszankę warzywną, przyprawy, miętę, cebulę, czosnek i jajko.
c) Wszystkie składniki dobrze wymieszaj i uformuj okrągłe kulki.
d) Smażyć kulki warzywne na oliwie z oliwek, aż nabiorą złocistego koloru.
e) Rozłóż kulki.
f) Podawaj kulki z sosem cytrynowo-tahini jako dodatek.

83. Greckie Pieczone Warzywa

SKŁADNIKI:
- Pół szklanki posiekanej natki pietruszki
- Dwie łyżki liści oregano
- Jedna łyżka liści rozmarynu
- Dwie łyżki liści pietruszki
- Pół szklanki posiekanej cebuli
- Dwie łyżki oliwy z oliwek
- Pół szklanki liści bazylii
- Jedna łyżka mielonej czerwonej papryki
- Pół łyżeczki liści kopru włoskiego
- Szczypta soli koszernej
- Szczypta czarnego pieprzu
- Trzy szklanki mieszanych kawałków warzyw
- Jedna szklanka posiekanego szczypiorku
- Jedna szklanka pomidorków koktajlowych
- Pół szklanki pikantnych, letnich gałązek
- Dwie łyżki mielonego czosnku
- Dwie łyżki suszonego tymianku

INSTRUKCJE:
a) Weź dużą patelnię.
b) Dodaj do niego oliwę i posiekaną cebulę.
c) Smaż cebulę, aż nabiorą jasnobrązowego koloru.
d) Dodaj posiekany czosnek na patelnię.
e) Gotuj mieszaninę przez pięć minut.
f) Doprawić mieszaninę solą i pieprzem.
g) Dodać przyprawy i wszystkie warzywa.
h) W misce rozgnieć pomidorki koktajlowe i dodaj sól.
i) Gdy warzywa będą gotowe, wyłóż mieszaninę na talerz.
j) Dodaj pokruszone pomidory na patelnię.
k) Gotuj pomidory przez dziesięć minut lub do momentu, aż staną się miękkie.
l) Ponownie dodaj mieszankę warzywną na patelnię.
m) Do formy włóż pozostałe składniki i piecz przez około piętnaście minut.

84. Grecki Aubergine i Gulasz Pomidorowy

SKŁADNIKI:

- Jedna szklanka posiekanej cebuli
- Jedna szklanka posiekanej natki pietruszki
- Jedna szklanka bulionu warzywnego
- Jedna szklanka wody
- Szczypta soli
- Szczypta czarnego pieprzu
- Dwie łyżki oliwy z oliwek
- Jeden funt aborygenów
- Pół łyżki posiekanego czosnku
- Dwie szklanki posiekanych pomidorów
- Pół szklanki posiekanego świeżego tymianku
- Pół szklanki posiekanego świeżego oregano
- Pół szklanki posiekanego świeżego szczypiorku
- Jedna łyżeczka mieszanki przypraw w proszku
- Pół łyżeczki wędzonej papryki
- Jeden liść laurowy

INSTRUKCJE:

a) Weź dużą patelnię.
b) Dodaj do niego posiekaną cebulę i oliwę z oliwek.
c) Dobrze wymieszaj składniki.
d) Dodaj posiekany czosnek na patelnię.
e) Na patelnię dodać pomidory, oregano, liść laurowy, sól, czarny pieprz, tymianek, wędzoną paprykę, mieszankę przypraw w proszku i szczypiorek.
f) Dobrze ugotuj składniki.
g) Dodaj aborygen do mieszanki.
h) Na patelnię dodaj bulion warzywny i wodę.
i) Dobrze wymieszaj gulasz.
j) Połóż pokrywkę na wierzchu patelni.
k) Gotuj gulasz przez dziesięć do piętnastu minut.
l) Podawaj gulasz, gdy warzywa będą gotowe.
m) Udekoruj danie posiekaną natką pietruszki na wierzchu.

85. Grecka tartina z awokado

SKŁADNIKI:
- Pół szklanki soku z cytryny
- Cztery kromki chleba Tartine
- Pół szklanki pomidorków koktajlowych
- Pół szklanki oliwy z oliwek z pierwszego tłoczenia
- Pół szklanki pokruszonego sera
- Zmiażdżone czerwone chilli
- Ćwierć szklanki koperku
- Dwie szklanki posiekanego awokado
- Szczypta soli
- Szczypta czarnego pieprzu

INSTRUKCJE:
a) Weź dużą miskę.
b) Dodaj wszystkie składniki oprócz kromek chleba.
c) Wymieszaj wszystkie składniki.
d) Podsmaż kromki tartiny
e) Rozłóż mieszaninę na wierzchu kromek chleba.

86. Grecki ryż szpinakowy

SKŁADNIKI:
- Trzy szklanki posiekanego szpinaku
- Dwie łyżeczki soku z cytryny
- Pół szklanki posiekanej cebuli
- Dwie łyżki mielonego czosnku
- Dwie łyżki oliwy z oliwek
- Szczypta soli
- Szczypta czarnego pieprzu
- Ćwierć szklanki suszonej mięty
- Dwie łyżki posiekanego świeżego koperku
- Dwa funty ziaren ryżu
- Dwie szklanki koncentratu pomidorowego
- Dwie szklanki wody

INSTRUKCJE:
a) Weź duży rondel.
b) Do garnka wlej wodę i dopraw solą.
c) Zagotuj wodę, a następnie dodaj do niej ryż.
d) Ugotuj ryż, a następnie odcedź go.
e) Weź dużą patelnię.
f) Dodaj oliwę z oliwek i dobrze podgrzej.
g) Dodaj posiekaną cebulę na patelnię i smaż, aż stanie się miękka i pachnąca.
h) Dodaj posiekany czosnek na patelnię.
i) Na patelnię dodaj szpinak, koncentrat pomidorowy, sok z cytryny, sól i zmielony czarny pieprz.
j) Gotuj składniki przez około dziesięć minut.
k) Dodaj ugotowany ryż na patelnię i dobrze wymieszaj.
l) Na patelnię dodaj suszoną miętę i posiekany koperek.
m) Połóż pokrywkę na wierzchu patelni.
n) Gotuj ryż przez około pięć minut na małym ogniu.

87. Grecka zupa avgolemono

SKŁADNIKI:
- Pół szklanki posiekanego świeżego tymianku
- Pół szklanki posiekanego świeżego oregano
- Pół szklanki posiekanego świeżego szczypiorku
- Jedna łyżeczka mieszanki przypraw w proszku
- Pół łyżeczki wędzonej papryki
- Jeden liść laurowy
- Szczypta soli
- Szczypta czarnego pieprzu
- Dwie łyżki oliwy z oliwek
- Jeden funt kawałków kurczaka
- Pół łyżki posiekanego czosnku
- Dwie szklanki posiekanych pomidorów
- Jedna szklanka posiekanej cebuli
- Jedna szklanka posiekanej natki pietruszki
- Jedna szklanka bulionu warzywnego
- Jedna szklanka wody
- Pół szklanki soku z cytryny

INSTRUKCJE:
a) Weź dużą patelnię.
b) Dodaj do niego posiekaną cebulę i oliwę z oliwek.
c) Dobrze wymieszaj składniki.
d) Dodaj posiekany czosnek na patelnię.
e) Na patelnię dodać pomidory, oregano, liść laurowy, sól, czarny pieprz, tymianek, wędzoną paprykę, mieszankę przypraw w proszku i szczypiorek.
f) Dobrze ugotuj składniki.
g) Do mieszanki dodaj kawałki kurczaka i sok z cytryny.
h) Na patelnię dodaj bulion warzywny i wodę.
i) Dobrze wymieszaj zupę.
j) Połóż pokrywkę na wierzchu patelni.
k) Gotuj zupę przez dziesięć do piętnastu minut.
l) Podawaj zupę, gdy kawałki kurczaka będą gotowe.
m) Udekoruj danie posiekaną natką pietruszki na wierzchu.

88.Grecka pita warzywna

SKŁADNIKI:
- Dwie łyżki oliwy z oliwek
- Dwa kawałki chleba pita
- Dwa duże jajka
- Jeden dojrzały pomidor wiśniowy
- Dwie szklanki mieszanki warzywnej
- Jedna szklanka posiekanej cebuli
- Pół szklanki posiekanej bazylii
- Ćwierć szklanki pokruszonego sera feta
- Szczypta soli
- Szczypta czarnego pieprzu
- Pęczek posiekanej kolendry

INSTRUKCJE:
a) Weź dużą patelnię.
b) Dodaj oliwę z oliwek na patelnię.
c) Na patelnię dodaj cebulę i sól.
d) Dobrze usmaż cebulę, a następnie dodaj czarny pieprz na patelnię.
e) Do mieszanki dodaj zmiksowane warzywa.
f) Do mieszanki dodaj posiekaną bazylię.
g) Gotuj składniki dobrze przez około piętnaście minut.
h) Podawaj, gdy warzywa będą gotowe.
i) Mięso odstawiamy do ostygnięcia, następnie dodajemy do niego pokruszony ser feta.
j) Dobrze wymieszaj.
k) Podgrzej chleb pita.
l) Wytnij dziurę w chlebie i włóż do niej ugotowaną mieszankę.
m) Udekoruj chleb posiekaną kolendrą.

DESER GRECKI

89. Greckie ciasteczka maślane

SKŁADNIKI:
- Pół łyżeczki gałki muszkatołowej
- Jedna łyżeczka ekstraktu waniliowego
- Trzy i pół szklanki mąki
- Pół szklanki cukru
- Szklanka solonego masła
- Jedna łyżka drożdży
- Dwa duże jajka
- Pół łyżeczki soli koszernej

INSTRUKCJE:
a) Weź dużą miskę.
b) Dodaj suche składniki do miski.
c) Dobrze wymieszaj wszystkie składniki.
d) Do miski dodać biały cukier i drożdże, zalać dwiema łyżkami gorącej wody.
e) Umieść mieszaninę drożdży w wilgotnym miejscu.
f) Do mokrych składników dodać masło.
g) Do masy ciasteczkowej dodaj mieszaninę drożdży i jajka.
h) Dodać powstałą mieszaninę do rękawa cukierniczego.
i) Uformuj małe okrągłe ciasteczka na naczyniu do pieczenia i upiecz je.
j) Po zakończeniu rozłóż ciasteczka.
k) Danie jest gotowe do podania.

90.Greckie ciasteczka miodowe s

SKŁADNIKI:
- Pół łyżeczki gałki muszkatołowej
- Jedna łyżeczka ekstraktu waniliowego
- Trzy i pół szklanki mąki
- Pół szklanki miodu
- Pół szklanki oleju
- Jedna łyżka drożdży
- Dwa duże jajka
- Pół łyżeczki soli koszernej

INSTRUKCJE:
a) Weź dużą miskę.
b) Dodaj suche składniki do miski.
c) Dobrze wymieszaj wszystkie składniki.
d) Do miski dodać miód i drożdże z dwiema łyżkami gorącego ciasta
e) woda.
f) Umieść mieszaninę drożdży w wilgotnym miejscu.
g) Do mokrych składników dodać olej.
h) Do masy ciasteczkowej dodaj mieszaninę drożdży i jajka.
i) Dodać powstałą mieszaninę do rękawa cukierniczego.
j) Uformuj małe okrągłe ciasteczka na naczyniu do pieczenia i upiecz je.
k) Po zakończeniu rozłóż ciasteczka.
l) Danie jest gotowe do podania.

91. Greckie ciasto orzechowe

SKŁADNIKI:
- Jedna szklanka sosu waniliowego
- Pół szklanki masła
- Ćwierć szklanki cukru
- Ćwierć łyżeczki mielonego kardamonu
- Szklanka mąki
- Szczypta sody oczyszczonej,
- Jedno jajko
- Szklanka pokrojonych migdałów
- Do Lukieru
- Pół szklanki sosu waniliowego
- Pół szklanki gęstej śmietanki
- Pół szklanki masła
- Pół szklanki brązowego cukru
- Ćwierć łyżeczki cynamonu

INSTRUKCJE:
a) Weź dużą miskę.
b) Do ciasta dodać ciasto i wymieszać wszystkie składniki.
c) Wyrobić ciasto i wlać je do naczynia do zapiekania.
d) Upewnij się, że naczynie do pieczenia jest odpowiednio natłuszczone i wyłożone papierem pergaminowym.
e) Dodać masę orzechową i wymieszać wszystkie składniki.
f) Upiec ciasto.
g) Rozłóż go, gdy skończysz.
h) Przygotuj lukier waniliowo-śmietanowy, ubijając najpierw masło i śmietanę, aż staną się puszyste.
i) Dodaj pozostałe składniki i ubijaj przez pięć minut.
j) Na wierzch ciasta dodaj krem waniliowy i śmietankę.
k) Pamiętaj, aby pokryć lukrem wszystkie boki ciasta.
l) Ciasto pokroić w plasterki.
m) Danie jest gotowe do podania.

92.Grecka baklawa

SKŁADNIKI:
- Osiem uncji masła
- Paczka arkuszy filo
- Łyżeczka ekstraktu waniliowego
- Pół szklanki posiekanych orzechów (wedle uznania)
- Filiżanka miodu
- Kubek cukru
- Łyżeczka mielonego cynamonu
- Filiżanka wody

INSTRUKCJE:
a) Weź dużą miskę.
b) Dodaj do niego masło i dobrze ubij.
c) Do miski na masło dodaj orzechy, cynamon i miód.
d) Dobrze wymieszaj składniki.
e) Do miski dodaj suszoną miętę i dobrze wymieszaj.
f) Rozłóż arkusze filo na natłuszczonej blasze do pieczenia.
g) Dodaj mieszaninę orzechów do arkuszy filo i przykryj większą liczbą arkuszy filo.
h) Piecz baklawę przez około czterdzieści minut.
i) Do rondla dodać cukier i wodę, zagotować.
j) Wyjmij baklawę i pokrój ją na kawałki.
k) Na wierzch baklawy wlać syrop cukrowy
l) Podawaj baklawę.
m) Danie jest gotowe do podania.

93. Fajny krem ananasowy

SKŁADNIKI:
- 2 szklanki mrożonych kawałków ananasa
- 1 dojrzały banan, obrany i zamrożony
- ½ szklanki mleka kokosowego
- 1 łyżka miodu lub syropu klonowego (opcjonalnie)
- 1 łyżeczka ekstraktu waniliowego (opcjonalnie)
- Plasterki świeżego ananasa i liście mięty do dekoracji (opcjonalnie)

INSTRUKCJE:
a) Upewnij się, że zarówno zamrożone kawałki ananasa, jak i zamrożony banan są odpowiednio zamrożone. Można je zamrozić na kilka godzin lub na noc.
b) W robocie kuchennym lub wysokoobrotowym blenderze połącz zamrożony ananas, zamrożony banan, mleko kokosowe i miód (lub syrop klonowy, jeśli używasz).
c) W razie potrzeby dodaj ekstrakt waniliowy dla dodatkowego smaku.
d) Mieszaj wszystkie składniki, aż masa będzie gładka i kremowa. Być może będziesz musiał zatrzymać się i zeskrobać kilka razy boki, aby zapewnić równomierne wymieszanie.
e) Spróbuj pysznego kremu i dostosuj słodycz do swoich upodobań, dodając więcej miodu lub syropu klonowego, jeśli to konieczne.
f) Gdy masa będzie dobrze wymieszana i uzyska gładką konsystencję przypominającą lody, ciasto jest gotowe.
g) Możesz cieszyć się nimi od razu w postaci lodów miękkich lub przenieść je do pojemnika i zamrozić, aby uzyskać jędrniejszą konsystencję.
h) Jeśli zamrażasz, aby uzyskać twardszą konsystencję, dobrze jest pozostawić go w temperaturze pokojowej na kilka minut przed wybraniem.
i) Udekoruj swój Ananasowy Krem Nicei plasterkami świeżego ananasa i liśćmi mięty, aby uzyskać piękną prezentację (opcjonalnie).
j) Podawaj i ciesz się pysznym i zdrowym kremem Ananasowym!

94. Greckie ciasto pomarańczowe

SKŁADNIKI:
- Szklanka soku pomarańczowego
- Pół szklanki masła
- Ćwierć szklanki cukru
- Ćwierć łyżeczki mielonego kardamonu
- Szklanka mąki
- Szczypta sody oczyszczonej,
- Jajko
- Dwie łyżeczki skórki pomarańczowej

INSTRUKCJE:
a) Weź dużą miskę.
b) Do ciasta dodać ciasto i wymieszać wszystkie składniki.
c) Wyrobić ciasto i wlać je do naczynia do zapiekania.
d) Upewnij się, że naczynie do pieczenia jest odpowiednio natłuszczone i wyłożone papierem pergaminowym.
e) Upiec ciasto.
f) Rozłóż go, gdy skończysz.
g) Ciasto pokroić w plasterki.
h) Danie jest gotowe do podania.

95. Greckie pączki (Loukoumades)

SKŁADNIKI:
- Pół szklanki masła
- Osiem jaj
- Dwie szklanki cukru
- Trzy szklanki mąki
- Kubek mleka
- Łyżka proszku do pieczenia
- Dwie łyżki kwaśnej śmietany
- Łyżeczka cukru kardamonu
- Łyżeczka sody oczyszczonej
- Dwie łyżki miodu

INSTRUKCJE:
a) W dużej misce wymieszaj wszystkie składniki oprócz cukru kardamonu i miodu.
b) Z powstałej mieszanki uformuj półgęste ciasto.
c) Rozgrzej patelnię pełną oleju.
d) Za pomocą foremki do pączków uformuj okrągłą strukturę przypominającą pączek.
e) Smażyć pączki.
f) Pozwól pączkom ostygnąć.
g) Wierzch pączków posmaruj miodem.
h) Dodaj cukier cynamonowy do wszystkich pączków.

96. Grecki budyń mleczny

SKŁADNIKI:

- Dwie szklanki pełnego mleka
- Dwie szklanki wody
- Cztery łyżki skrobi kukurydzianej
- Cztery łyżki białego cukru
- Dwa żółtka
- Ćwierć łyżeczki sproszkowanego cynamonu

INSTRUKCJE:

a) Weź duży rondel.
b) Dodaj wodę i pełne mleko.
c) Pozostawić płyn do wrzenia przez pięć minut.
d) Do mieszanki mlecznej dodaj żółtka i cukier.
e) Gotuj wszystkie składniki przez trzydzieści minut lub do momentu, aż zaczną gęstnieć.
f) Ciągle mieszaj.
g) Na wierzch dodaj proszek cynamonowy.
h) Danie jest gotowe do podania.

97.Greckie ciasteczka z syropem migdałowym

SKŁADNIKI:

- Osiem uncji syropu migdałowego
- Paczka arkuszy filo
- Łyżeczka suszonej gałki muszkatołowej
- Pół szklanki posiekanych orzechów (wedle uznania)
- Szklanka miodu tymiankowego
- Siedem uncji masła

INSTRUKCJE:
a) Weź dużą miskę.
b) Dodaj do niego masło i dobrze ubij.
c) Do miski z masłem dodaj orzechy i syrop migdałowy.
d) Dobrze wymieszaj składniki.
e) Rozłóż arkusze filo na natłuszczonej blasze do pieczenia.
f) Dodaj mieszaninę orzechów do arkuszy filo i przykryj większą liczbą arkuszy filo.
g) Piecz ciasto przez około czterdzieści minut.
h) Rozłóż ciasto.
i) Wierzch ciasta posypujemy tymiankiem miodowym.
j) Danie jest gotowe do podania.

98.Greckie kruche ciasto migdałowe

SKŁADNIKI:
- Pół łyżeczki pasty waniliowej
- Dwie i pół szklanki mąki
- Pół łyżeczki proszku do pieczenia
- Kubek niesolonego masła
- Żółtko jaja
- Dwie szklanki cukru pudru
- Pół szklanki posiekanych migdałów

INSTRUKCJE:
a) Weź dużą miskę.
b) Do miski dodaj pastę waniliową, mąkę, proszek do pieczenia, niesolone masło, żółtko i migdały.
c) Wymieszaj wszystkie składniki i przełóż je na blachę do pieczenia.
d) Piec mieszaninę przez trzydzieści minut.
e) Rozłóż chleb i pokrój go w plasterki.
f) Posyp chleb cukrem pudrem.

99. Grecki kwiat pomarańczy Baklava

SKŁADNIKI:
- Osiem uncji masła
- Paczka arkuszy filo
- Łyżeczka ekstraktu waniliowego
- Pół szklanki posiekanych orzechów (wedle uznania)
- Filiżanka miodu
- Kubek cukru
- Łyżeczka zmielonego proszku pomarańczowego
- Filiżanka wody

INSTRUKCJE:
a) Weź dużą miskę.
b) Dodaj do niego masło i dobrze ubij.
c) Do miski na masło dodaj orzechy, proszek pomarańczowy i miód.
d) Dobrze wymieszaj składniki.
e) Do miski dodaj suszoną miętę i dobrze wymieszaj.
f) Rozłóż arkusze filo na natłuszczonej blasze do pieczenia.
g) Dodaj mieszaninę orzechów do arkuszy filo i przykryj większą liczbą arkuszy filo.
h) Piecz baklawę przez około czterdzieści minut.
i) Do rondla dodać cukier i wodę, zagotować.
j) Rozłóż baklawę i pokrój ją na kawałki.
k) Na wierzch baklawy wlać syrop cukrowy
l) Podawaj baklawę.
m) Danie jest gotowe do podania.

100. Grecka Baklava z Miodem i Wodą Różaną

SKŁADNIKI:
- Osiem uncji masła
- Paczka arkuszy filo
- Łyżeczka ekstraktu waniliowego
- Pół szklanki posiekanych orzechów (wedle uznania)
- Filiżanka miodu
- Kubek cukru
- Łyżeczka wody różanej
- Filiżanka wody

INSTRUKCJE:
a) Weź dużą miskę.
b) Dodaj do niego masło i dobrze ubij.
c) Do miski z masłem dodaj orzechy, wodę różaną i miód.
d) Dobrze wymieszaj składniki.
e) Do miski dodaj suszoną miętę i dobrze wymieszaj.
f) Rozłóż arkusze filo na natłuszczonej blasze do pieczenia.
g) Dodaj mieszaninę orzechów do arkuszy filo i przykryj większą liczbą arkuszy filo.
h) Piecz baklawę przez około czterdzieści minut.
i) Do rondla dodać cukier i wodę, zagotować.
j) Rozłóż baklawę i pokrój ją na kawałki.
k) Na wierzch baklawy wlać syrop cukrowy
l) Podawaj baklawę.
m) Danie jest gotowe do podania.

WNIOSEK

Kończąc naszą podróż po skąpanych w słońcu stronach „Greckiego: Przepisy na każdy dzień z greckimi korzeniami", mamy nadzieję, że doświadczyłeś magii kuchni greckiej w zaciszu własnej kuchni. Każdy przepis na tych stronach jest świadectwem ponadczasowego uroku śródziemnomorskich smaków, gdzie prostota spotyka się z wyrafinowaniem, a każdy posiłek staje się świętem.

Niezależnie od tego, czy delektowałeś się pocieszającymi warstwami musaki, rozkoszowałeś się świeżością sałatek greckich, czy rozkoszowałeś się słodyczą baklawy, ufamy, że te 100 przepisów wniosło smak Grecji do Twojego domu. Obyś oprócz składników i technik poczuł ciepło greckiej gościnności i radość płynącą z dzielenia się pysznymi posiłkami z bliskimi.

W miarę odkrywania kulinarnych bogactw Morza Śródziemnego, niech „grecka" kuchnia zainspiruje Cię do napełnienia codziennej kuchni duchem Grecji. Od gajów oliwnych po lazurowe morza – pozwól, aby esencja kuchni greckiej pozostała w Twojej kuchni, tworząc chwile radości, połączenia i pysznych odkryć. Opa, gratuluję niekończących się przyjemności greckiej kuchni!

www.ingramcontent.com/pod-product-compliance
Lightning Source LLC
Chambersburg PA
CBHW071902110526
44591CB00011B/1514